Norbert Blüm
Heiner Geißler
Rupert Neudeck

Nach dem Krieg. Vor dem Frieden

Norbert Blüm
Heiner Geißler
Rupert Neudeck

Nach dem Krieg. Vor dem Frieden

Wie es weitergehen kann

HERDER

FREIBURG · BASEL · WIEN

www.herder.de
Satz: Barbara Herrmann, Freiburg
Druck und Bindung: Freiburger Graphische Betriebe 2003
www.fgb.de
ISBN: 4-451-28255-0

Inhalt

Vorwort

Die drei Autoren dieses Buches haben Krieg selber erlebt, altersmäßig ein paar Jahre auseinander und jeder an anderem Ort. Aber es reicht uns, um zu wissen: „Es gibt nichts Schlimmeres als Kriegsgemetzel."

Frieden ist die große Sehnsucht aller Menschen, die ihres Verstandes mächtig sind. Frieden allerdings ist nicht lediglich Waffenstillstand. Waffen haben es an sich, benutzt zu werden; selbst nach zeitweisem Ruhestand.

Der Hunger auf der Welt nimmt zu, und die Waffenarsenale werden größer. Das ist ein verrücktes Paradox. Es lassen sich prima Geschäfte mit Waffen machen. Das ist ein zynisches Betriebsgeheimnis der verwirtschafteten Welt.

Eine Welt ohne Waffen ist ein Traum, und zwar ein guter. Tagträume können die Welt verändern. Flugzeuge, Autos, Telefon, Fernsehen, sogar „der Mann im Mond" war ein Traum. Inzwischen sind die Träume Realität. Vielleicht wird der Friedenstraum einmal so Wirklichkeit wie die einst schwer vorstellbaren und heute realisierten technologischen „Meisterleistungen".

Was hilft es dem Menschen, mit Raketen Mond und Mars zu erobern, wenn auf der Abschussrampe Erde sich die Menschen gegenseitig ausrotten. Der Friedenstraum fällt jedoch nicht vom Himmel. Friede ist die Sache einer globalen Anstrengung, welche die Menschheit machen muss, wenn Menschen auf der Erde überleben wollen.

Gerechtigkeit schafft Frieden, das ist die Botschaft der christlichen Soziallehre. Da wir die perfekte Gerechtigkeit auf der Erde nicht schaffen, werden wir in ihr nicht ohne Barmherzigkeit und konkrete Taten auskommen.

Solcher Frieden geht alle an. Er verlangt daher den Dialog. Den Dialog auch zwischen Religionen und den Kulturen. In diesen Dialog müssen wir mehr Engagement und Ideen investieren.

Ideen sind eine Macht. Daran glauben wir. Moral ohne Macht ist hilflos. Aber Macht ohne Moral unmenschlich und tödlich.

„Nach dem Krieg – vor dem Frieden“ ist der Titel unseres Buches: Frieden durch Gerechtigkeit und eine internationale soziale Marktwirtschaft, das ist unsere Interpretation dieses Titels. Menschenrechte und humanitäre Hilfe sind das politische Programm, zu dem dieses Buch verleiten soll.

Der Nahe Osten gilt als eine Wiege der Menschheit. Große Kulturen haben in Mesopotamien ihre Heimat. Auf israelischem und palästinensischem Boden entstand das Evangelium. Diese Region ist ein Seismograf für die Zukunft der Menschheit.

Wir werden auch auf die anderen Beben – im fernen Osten, in Afrika, in Lateinamerika – besser reagieren, wenn wir die Vorzeichen richtig wahrnehmen. Damit nach dem Krieg nicht vor dem Krieg wird, damit unsere Zukunft nicht von großen Verwerfungen bestimmt sein wird, müssen wir etwas tun. Wir *können* auch etwas tun.

Im Juli 2003
Rupert Neudeck, Norbert Blüm, Heiner Geißler

Helfen tut Not. Helfen macht Sinn

Erfahrungen und Einsichten vor Ort

von Rupert Neudeck

Nach dem Krieg – in Saddam City

Es gibt tausend kluge Gründe, nicht in Krisengebiete zu gehen. Und gewichtige, es doch zu tun. Am 21. April 2003 fuhr ich mit dem Münchener Bauingenieur Josef Grundner, meinem Mitstreiter in Sachen humanitärer Hilfe, auf der Straße zur Grenzstation zwischen Jordanien und dem Irak. Der Krieg der Amerikaner und der Briten gegen den Irak – begonnen und geführt ohne Zustimmung der UNO, des Sicherheitsrates und der meisten Europäer – war seit dem 9. April mit dem Zusammenbruch des Regimes und dem Sturz des Diktators Saddam Hussein beendet.

In der Nacht des Ostermontag waren wir in Amman gelandet und hatten gleich ein Taxi bekommen. Natürlich war das ein tollkühnes Unternehmen, und natürlich war es hanebüchen gewesen, schon in der Nacht loszufahren. Nach Mitternacht hatten wir die dreieinhalb Stunden bis zur irakischen Grenze bereits geschafft. Ein GI schaute vergnügt in unsere deutschen Pässe. Warum wusste er wohl selbst nicht. Dann waren wir in dem Land der Ex-Finsternis, das jetzt befreit war vom Fürsten der Achse des Bösen, dem Diktator Saddam Hussein.

Hinter der Grenze brüllte die Sonne ganz schön, der Tag versprach heiß zu werden. Wir kamen nach weiteren fünf Stunden halsbrecherischer Fahrt in Bagdad an, mit einem völlig übermüdeten Fahrer, dem wir immer irgendetwas zeigten und Faxen vormachten, mit dem wir auf jeden Fall reden mussten, damit er nicht einschlief.

Unterwegs versprengte Wracks von dicken Panzern, die ich immer noch nicht ansehen kann, ohne mir dabei klarzumachen: Da liegt der Wert einer ganzen gut ausgestatteten Klinik. Oder der Wert von zehn Grundschulen à 90 000 US-Dollar. Sinnlos verpulvert hier im Wüstensand. Eine perverse Vergeudung.

Wir fuhren weiter und sahen in Bagdads Nobelviertel Al Mansour die Gräuel der Zerstörung. Bomben und Cruise Missiles hatten hier ihr Werk so verrichtet, wie das in diesen modernen Interventionskriegen sein kann. Unser kleines menschliches Gehirn fasst das kaum: Irgendwo im Indischen Ozean oder im Roten Meer liegt ein Flugzeugträger, die „Kitty Hawk" oder der „Franklin Delano Roosevelt". Auf dem Flugzeugträger – einem an sich schon Schrecken einflößenden Ungetüm – werden in eine hochkomplizierte Computeranlage die Daten für ein Planquadrat in Bagdad eingegeben, die Tomahawk oder die Cruise Missile rast los und schlägt in wenigen Minuten in diesem Gebäude ein. Sie lässt keinen Stein mehr auf dem anderen.

Wir waren in Sachen Frieden unterwegs. Mitten in einem vom Krieg verwüsteten Gebiet – und immer im Bewusstsein: Der Irak-Krieg ist nicht der letzte Krieg, erschreckenderweise nicht einmal der einzige in diesem Jahr. Ich will im Folgenden keine Zuflucht nehmen zur Statistik der Kriege, die derzeit in dieser Welt toben oder sich weiter sich dahinquälen. Ich werde auch nur die wenigen grausamen Konflikte erwähnen, die ich mit eigenen Augen gesehen habe. Dabei befand ich mich immer in der privilegierten Lage des weißen Mannes, der den richtigen guten Reisepass in der Tasche hat, dazu auch noch das Rückflugticket und die Garantie der eigenen Regierung, alles zu tun, um mich herauszuhauen, sollte mir ein Haar gekrümmt werden.

Ich will die Lage analysieren, so wie sie ist. Und eine Übersicht dessen versuchen, was meiner Meinung nach zu tun wäre. Ich werde die Arbeit der Helfer beschreiben und die Umstände, unter denen sie geschieht. Und ich werde zu klären versuchen: Was heißt Arbeit für den Frieden ganz konkret?

Zunächst einmal: Bei einer solchen Arbeit geht es nicht ohne Hindernisse. Man darf nicht nur auf bequemen geraden Wegen gehen wollen. Man muss einfach losgehen. Nicht lange fragen, nicht erst Gutachter bemühen. Man muss losgehen – nicht die Grenzen beachten, nicht die Klugheit der Welt anfordern!

Unsere Reise in den Irak ist dafür nur ein Beispiel: Wir sollten nicht über die Türkei und wir sollten nicht über Syrien in den Irak hineinkommen. Wir durften nur bedingt über den Iran einreisen. Also blieb nur der Weg über Amman. Und in Amman wurden wir wieder einmal Zeugen einer Unverschämtheit, die uns das Blut in den Adern gerinnen ließ. Falah Hussein war mit uns gereist, ein irakischer Kurde, aus Duisburg mit einem deutschen Pass, in dem allerdings sein nicht sehr deutsch klingender Name und sein Geburtsort Kirkuk steht. Sein Pech. Josef Grunder und ich kommen an der Sperre des Flughafens schnell durch. Falah wird aufgehalten. Wir bekommen das, unten am Gepäckband, erst eine Stunde später mit. 36 Stunden muss er warten. Erst danach wird er durch eine Note der deutschen Botschaft, die trotz der Osterfeiertage dazu bereit ist, etwas zu tun, freigelassen. Er kommt Tage später in Bagdad an.

Und auch das Leben – vor Ort und mit den Menschen – ist nicht die bequeme Tour. Die Unterkünfte sind nur das geringste Problem. Aber irgendwie klappt es immer. So auch diesmal, wo uns schließlich der Geistliche der chaldäisch-katholischen St. Elyas-Kirche einen Schlafplatz gab.

Am nächsten Tag ging es durch die Jauchegrube von Saddam City, vorbei an der ausgeplünderten deutschen Botschaft. Wir wollten zu den Menschen in den armseligen Hütten und Blechkanisterstädten, den Zu-kurz-Gekommenen. Dort haben wir uns erst einmal den Ort mit dem ganzen Dreck und Schmutz zeigen lassen.

Im viereckigen Medressenraum, der Koranschule, wird uns der Imam vorgestellt. Nach einem intensiven Gespräch kommt die Zeit zum Gebet. Josef Grundner und ich gehen mit in den kleinen Raum, der einen ausgestampften Lehmfußboden hat. Alle haben einen Gebetsteppich unter den Füßen. Das Gebet beginnt, vor sich hat jeder den Stein, der aus Kerbela stammt, so dass bei der großen und ganzen Körperverneigung vor Gott Kopf und Stirn auf den Stein kommen. Wo gibt es in Europa noch solche Inbrunst des Gebetes? Wo noch solche tiefinnerliche Mystik, mit der alle diese Männer im Gleichklang ihre Bewegungen machen? Wo gibt es noch solche genuinen Gebetsgesten wie die aufgehaltenen Hände, die etwas von ganz oben erbitten, Gnade über Gnade. Und das ist ja das Bewusstsein dieser Menschen, dass sie noch nicht wissen, ob irgendetwas morgen sein wird. Sie sagen nur: „Inch-Allah": Gott wird es wissen, Gott weiß es!

Wir versprechen: Unsere Helfer werden nach Saddam City kommen, zu den Menschen in diesem Slumviertel, die uns brauchen.

Bald darauf haben wir mit der Arbeit in dem schiitischen Slum-Squatter-Dorf Shishan begonnen. Am 30. Mai sind dort die Fundamente für eine doppelstöckige Schule mit 16 Räumen gegossen worden. In den Sommermonaten 2003 soll die Schule für 2320 Schüler der kleinen schiitischen Gemeinde Shishan am Rande von Saddam City fertiggestellt sein.

Diese Schule, die wir planen, ist etwas Sichtbares. Aber was ich aus dieser Begegnung mit den frommen Muslimen in der Medresse von Saddam City *auch* mitnehme: Nach dem Krieg sollten wir nicht mehr nur auf uns, sondern ein bisschen auch auf den vertrauen, der Himmel und Erde erschaffen hat und uns in seinen großen Händen hält.

Friedenssehnsucht und Kriegsrealität

Frieden ist eine tiefe menschliche Sehnsucht. In der Geschichte der Menschheit gab es immer wieder Kriege – und immer wieder große Friedens-Utopien und Friedens-Verheißungen, seien sie religiös oder philosophisch formuliert. Aber Frieden stellt sich nie von selbst ein. Diejenigen, die solche Utopien formuliert und solche Verheißungen verkündet haben, verknüpfen sie für den Gläubigen oder den Anhänger mit der Pflicht, etwas zur Erfüllung dieser Verheißung zu tun.

Wie sieht heute die Realität aus?

Die Taliban sind in Afghanistan von der Macht verjagt. Der 22-Tage-Krieg im Irak ist vorüber. Doch in Afghanistan und im Irak sind die Waffen noch warm vom Gebrauch, sind die Schmauchspuren noch zu riechen und die Bombenkrater überall zu sehen. Immer noch geht die eine und andere unexplodierte Granate hoch, explodiert eine Bombe, zerfetzt eine Landmine unersetzliche, unwiderruflich einmalige Menschen, die wie wir das Recht auf ein individuelles und erfülltes Leben mit menschlichem Antlitz haben.

Im Sudan tobt ein schrecklicher Bürgerkrieg – Schwarzafrikaner im Süden gegen Araber im Norden – seit dem Jahre 1953.

In Indonesien gibt es Kämpfe unterdrückter Stämme auf den verschiedenen Inseln.

Auf den Philippinen agiert eine von Libyen und Gaddhafi unterstützte und alimentierte islamische Befreiungsfront, die sich in heftigen Kämpfen befindet.

In Burma (oder wie es heute heißen soll: Myanmar) und an seiner Grenze zu Thailand kämpfen einige so genannten Befreiungsfronten.

Im Kaukasus hat der mörderische Krieg der russischen Armee gegen die Tschetschenen nicht aufgehört, die weiter dabei sind, sich das Recht auf Selbstbestimmung gewaltsam zu erkämpfen.

In Latein- und Mittelamerika gibt es unterdrückte Schichten, die nicht viel zu verlieren haben, wenn sie gegen völlig unsoziale Eliten und Oligarchien aufstehen und Front machen – wie in Mexiko in der Provinz Chiapas.

Es gibt den kulturellen Genozid an den Tibetern.

Es gibt die Ausrottung der Ruander-Tutsi 1994.

Es gibt den Krieg im Kongo, der sich wahrscheinlich aus ganz verschiedenen Kriegen zusammensetzt.

Wir haben kaum noch die politische Kraft, uns mit den Menschen in diesen Ländern so zu solidarisieren, dass sie etwas davon haben.

In all diesen Krisengebieten bin ich gewesen und habe das menschliche Leid und das Elend mit eigenen Augen gesehen, das kriegerische Auseinandersetzungen mit sich bringen. Menschen sind mir vor Augen, die nur dafür zusammengeschlagen und zerhackt oder ersäuft werden, weil sie sind, was sie sind: Muslime (Srebrenica), Tschetschenen (gegen die Russen), Islamisten (gegen säkulare Tadschiken), Tutsis (von Hutus ausgegrenzt) usw.

Und trotzdem: Es gibt auch eine andere Realität, die Hoffnung auf etwas anderes. Auch wenn ich nach den immer wieder neu erlebten Schrecken, den Massenmorden und Gräueltaten gegen Menschen diese Wirklichkeit des Krieges nicht aus dem Kopf bringe – auch das Gegenbild hat eine durchdringende Kraft: Bei Isajas im Alten Testament ist eine der schönsten Hoffnungen ausgebreitet, die die Menschheit je gehört hat. Der alttestamentliche Prophet 65. Kapitel, entwirft ein richtiggehendes humanitäres Entwicklungsprogramm. Es schüttelt und durchfährt mich wie ein Blitz, wenn ich das heute lese, nach den Erfahrungen im Irak, nach Afghanistan, vor Bunja und dem Kongo:

„17. Denn seht: Einen neuen Himmel erschaffe ich und eine neue Erde; da gedenkt man des Vergangenen nimmer mehr …;

20. Dort gibt es keinen Säugling mehr, der nur wenige Tage lebt, keinen Greis, der seine Tage nicht voll erreicht. Vielmehr wird der Knabe als Hundertjähriger sterben, wer hundert Jahre nicht erreicht, ist vom Fluche getroffen ….;

25. Wolf und Lamm werden einträchtig weiden, und der Löwe frisst Stroh wie das Rind; die Schlange aber ernährt sich vom Staub. Man wird nichts Böses und nichts Verderbliches tun auf meinem ganzen heiligen Berge.“

Immanuel Kant, der niemals über die Stadtgrenzen von Königsberg hinausgekommen ist, der also nie vor Ort recherchieren konnte und dennoch erkannte, was die Moral von uns Menschen fordert, hat seinem Buch „Zum ewigen Frieden“ eine Forderung vorangestellt, die auch eine atemberaubende Verheißung ist: „Handle stets so, dass die Maxime deines Wollens jederzeit zugleich als Prinzip einer allgemeinen Gesetzgebung gelten könne.“ Die Maxime meines Handelns soll auch die Maxime aller anderen Menschen sein können.

Der Friedenszustand unter Menschen, die nebeneinander leben, sei kein Naturzustand, sagt Kant. Der Naturzustand ist vielmehr ein Zustand des Krieges, „wenngleich nicht immer ein Ausbruch von Feindseligkeiten, doch immerwährende Bedrohung mit denselben“.

Gestiftet wird dieser Frieden durch die „Republikanische Verfassung“. Diese Verfassung hat „außer der Lauterkeit ihres Ursprungs, aus der reinen Quelle des Rechtsbegriffs entsprungen zu sein, noch die Aussicht in die gewünschte Folge, nämlich den ewigen Frieden; wovon der Grund dieser ist“.

Und dann holt Kant zu mächtigen Gedanken-Blitzen und Schlägen aus, die uns alle treffen. Denn alles, was er sagt, ist für uns eigentlich selbstverständlich. Wir können aber wiederum nicht bezweifeln, dass wir in jeder Weise, auch als Staats- und Weltbürger, aus krummen Holz geschnitzt und manchmal verrückt und ohne Vernunft sind. Wenn die Zustimmung der Staatsbürger dazu erfordert wird, um zu beschließen, „ob Krieg sein solle oder nicht, so ist nichts natürlicher, als dass, da sie alle Drangsale des Krieges über sich selbst beschließen müssten ... sie sich sehr bedenken werden, ein so schlimmes Spiel anzufangen“.

Ich nehme diese kleine Kant-Schrift immer in meine Reise-Tasche. Ich hatte sie auch dabei, als ich zu den Schwarzafrikanern in den Nuba-Bergen, zu den Dinkas in Rumbek und Agrangial gegangen bin. Das letzte Mal saß ich beim Sonnenaufgang in dieser jungfräulichen Berglandschaft auf dem kleinen Berg in Lwere, gegenüber dem in die Felsen eingepassten

Hospitalgebäude der Not-Ärzte von Cap Anamur. Und ich las diesen Text noch einmal. Da wusste ich wieder: Immanuel Kant hat Recht. Wenn die Menschen in dieser Gegend der Welt tatsächlich das Recht auf Selbstbestimmung hätten und nicht in ihrer physischen Existenz bedroht wären, dann würde für sie der Ewige Frieden anbrechen. Und auch für die Krankenschwestern und Pfleger, die zu Fuß tagelang in den Bergen unterwegs sind, ist Verheißung nicht in erster Linie, dass es zu einem Autoverkehr kommt, sondern dass es Freiheit, Frieden und Sicherheit geben und dass niemand wieder vertrieben und zusammengeschlagen wird. Eine solche Hoffnung ist so elementar, dass jeder Mensch auf der Welt sie verstehen muss.

„Weit in der Türkei ..." oder die Folgen der Globalisierung

Unsere Welt ist sich gleich geblieben, was das menschliche Aggressionspotenzial angeht. Und sie hat sich doch radikal verändert. Johann Wolfgang von Goethe konnte beim Osterspaziergang seinen Protagonisten noch sagen lassen: „Ein solch Gespräch lieb ich an Sonn- und Sommertagen, wenn hinten weit in der Türkei die Völker aufeinander schlagen." Eine solch idyllische Distanz, zu Anfang des 19. Jahrhunderts noch möglich, ist heute undenkbar. Heute ist die Türkei ein ganz nahes Land. Nichts, was sich in der Türkei abspielt, bleibt für uns unwichtig. Die Türkei macht lebhafte und energische Anstrengungen, ein Mitgliedsland der Europäischen Union zu werden. Die Türkei ist ein wichtiger Nachbar, denn es leben wohl an die zwei Millionen Türken und türkische Kurden in der Bundesrepublik Deutschland. Nichts mehr ist von uns so weit entfernt, dass wir es nicht gleichzeitig auch nah vor uns haben können. Die modernen Kommunikationstechniken machen es möglich.

Die letzten 15 Jahre haben das Zusammenwachsen unserer Welt in einem größeren Ausmaß beschleunigt als die letzten

170 Jahre zusammen. Unsere Welt ist zum globalen Dorf geworden. Vor 15 Jahren hatten wir noch kein Satellitentelefon, das für alle unsere Helfer heutzutage so selbstverständlich ist wie der Laptop, mit dem sie auch von den entferntesten und gefährlichsten Regionen Mitteilungen, Nachrichten, Berichte senden können. Zwar war die Türkei schon damals recht nah gerückt, aber Äthiopien und der Sudan, Angola und Haiti, Kambodscha und Vietnam waren sehr weit entfernte Länder. Wenn wir die Helfer damals dorthin schickten, mussten wir ihnen Mut machen: „Go ahead!“ sagten wir, und vielleicht, wenn es gut geht, werden wir von euch in drei oder vier Monaten die ersten Briefe bekommen.

Wir hatten in den Jahren 1986 und 1987 die besten Leute im Krankenhaus in der alten äthiopischen Kaiserstadt Axum. Dorthin konnte man, weil das Gebiet unter der Kontrolle der Tigray Liberation Front (TPLF) stand, keinen Zugang über die Hauptstadt Äthiopiens bekommen, sondern nur über Khartoum. Von Khartoum ging es dann einen von der TPLF begleiteten und vorbereiteten Weg über Kassala, die Grenze Sudan – Äthiopien und dann nach Axum zu Fuß, auf Eseln oder Kamelen.

Heute hat alles Auswirkungen, es müssen nur die modernen Kommunikationsmittel im Spiel sein. Die Frage, warum es in der Demokratischen Republik Kongo, in der Provinz ITURI und in der Stadt Bunja, die großen Auseinandersetzungen völkermörderischer Natur zwischen den Hema und den Lendu gibt und warum das alles in den Tagen nach dem 20. Mai 2003 plötzlich beachtet wird, ist leicht zu beantworten. Es hat simple, beschreibbare Gründe. Damals zogen die Ugander aus der Kongo-Provinz ab. Dort waren sie vor Jahr und Tag ohne irgendeine Legitimation eingebrochen. Weder der UN-Sicherheitsrat noch die EU, weder die USA noch Russland, China oder Großbritannien hatten sie dafür verurteilt. Die Truppen des ugandischen Präsidenten hatten entsprechend in dem Landstrich gewütet und alles herausgeholt, was in kurzer Zeit herauszuholen war.

Nach dem Abzug der Ugander rückte eine 700 Mann starke Blauhelmtruppe Monuc nach. Diese Truppe hatte aber gleich den Kämpfenden der beiden Milizen klar zu erkennen gegeben: Wir werden den Krieg nur beobachten und beschreiben. Wir werden nicht für irgendjemand Partei ergreifen. Diese Monuc-Truppe in ihren schönen und klimatisierten Quartieren hat den Tod von über 400 Menschen in dieser Gegend des Kongos nicht verhindert. Sie hätten, sagten sie und sehnten sich nach Unschuld, nicht das richtige Mandat.

Nun haben UNO-Blauhelmtruppen in der Mehrzahl der Einsatzregionen das falsche Mandat. Das Einzige, was diese Truppen im Übermaß haben und was sie auch nutzen, sind moderne Kommunikationsmittel. Es ergab sich also das Gleiche wie früher nach Srebrenica. Die Blauhelm-Truppe konnte zwar einen Völkermord nicht verhindern, aber ihr Pressesekretär gab alle möglichen Meldungen in die Welt. Ein Pulk von Reportern konnte eine Privatmaschine in Nairobi mieten, mit der sie von Nairobi nach Bunja flogen. Darunter die Korrespondenten des Spiegel, der SZ, der FR und der FAZ. So ist also auch dieses in die Unendlichkeit der Regenwälder ausgegossene afrikanische Land durch die Anwesenheit der Sendungen und Meldungen verschickenden Monuc-Truppe ein Teil des Global Village geworden.

Was für den Kongo zutrifft – folgenlose Informationen – gilt auch für andere Teile der Welt. Es gibt Teile der Welt, für die der Goethe-Satz aus dem Osterspaziergang in einer variierten Form noch heute passen würde.

Manche der Befreiungsbewegungen der Dritten Welt versuchen Nachrichten auf ihre Weise zu machen – durch Entführungen von weißen Europäern und Amerikanern. Die Entführung eines westlichen weißen Geschäftsmannes oder eines Touristen ist immer eine Weltnachricht wert. Das sollte uns zu denken geben. Dass zwei Milliarden Mitmenschen auf dieser Welt mit einem Monatseinkommen von 35 US-Dollar leben, ist eine Tatsache – und eine jener wirklich wichtigen Informationen, die in unser Bewusstsein gelangen müssten. Die Gefahren, die heute den Frieden bedrohen, auch jenseits aktuell geführter Kriege, nehmen in einem dramatischen Ausmaß zu.

Die zwei wirklichen Gefährdungen unserer Welt

„Die NATO wird dahin gehen, wo die Gefahren sind!“ Nato-Generalsekretär George Robertson hat dies am 3. Juni 2003 verlautbaren lassen, und alle Nachrichten des Fernsehens und des Radios haben diese Erklärung ohne kritischen Kommentar verbreitet. Konkret war die Rede von zwei Regionen: Afghanistan und Irak.

Aber es gibt zwei wirkliche und große Weltgefahren in diesem beginnenden 21. Jahrhundert, die sich nicht auf diese beiden Länder beschränken: Terrorismus und Armut.

Die eine Gefahr ist durch ein Tagesdatum markiert, das Milliarden Menschen kennen: Der 11. September 2001 und der Angriff mit zwangsweise zu Waffen umfunktionierten Flugzeugen auf die Türme des World Trade Center sowie das Pentagon. Der Terror hatte plötzlich eine neue Qualität, ein neues Gesicht. Er wurde als weltweite Gefahr offensichtlich.

Die zweite Gefahr ist durch ein Jahresdatum bestimmt. Bis zum Jahre 2015 soll die Armut in der Welt halbiert sein. Die größte reale Gefahr unserer Welt liegt in der Armut von 1,3 Milliarden Menschen, die bangen müssen, ob sie am Tage genügend Wasser zum Trinken und Reis oder Matoke-Brei zum Essen bekommen, um nicht zu sterben. Über 1,3 Milliarden Menschen leben von einem US-Dollar pro Tag oder weniger. In der Kluft zwischen dem exorbitanten Reichtum in unserem Europa (und eben – toute proportion gardee: USA, Kanada, Australien) und der grässlichen Auszehrung und dem schrecklichen Hunger, der die Mehrheit der Menschheit ergriffen hat, liegt ebenfalls eine tödliche Gefahr für die Weltgesellschaft.

Über allen Jammermeldungen und Weh-und-Ach-Ereignissen im Gesundheits-, Renten-, Arbeitslosen-, Tarifsystem und über allen sonstigen Deutschland-Nachrichten droht es vergessen zu werden: Die größte Milleniumsaufgabe der Menschheit ist und bleibt die Beseitigung der grassierenden Armut und des furchtbaren Hungers, der jeden Tag dazu führt, dass Hunderte von Kindern sterben. Das erregt uns zwar nicht wie das Eisenbahnunglück von Eschede. Aber man muss sich nur einmal in seiner Phantasie das über Tage und Wochen gehende Sterben eines jungen Kindes wirklich vorstellen, um aufgerüttelt zu sein. Dieses qualvoll leidende Kind ist nicht weniger wert als wir, es ist ebenso Kind Gottes und Jesus Christus gleich, wie wir Christen das zu sein beanspruchen.

Nun kann man sagen: Es wird ja etwas getan. Hat nicht die deutsche Regierung im April 2002 einen „Zweiten Bericht zur Umsetzung des Aktionsprogrammes 2015 der Bundesregierung“ vorgelegt? Waren nicht bereits m ersten Jahr 75 Aktionen innerhalb des „Aktionsprogramms 2015“ vorgesehen? Und haben nicht drei internationale Konferenzen des Jahres 2002 – alle noch vor der Bundestagswahl –, wie es in einem Bericht so schön heißt: „die globale Dimension der Entwicklung und die Notwendigkeit kohärenter Politikgestaltung in mannigfacher Weise deutlich hervortreten lassen“?

Freilich: Die drei großen Konferenzen haben diese Dimension umso schwächer zur Geltung gebracht, als sie alle an beliebig auswechselbaren klimatisierten Konferenzorten stattfanden. Die Konferenzteilnehmer hätten das auch in ihrer jeweiligen Hauptstadt mit E-Mail und Internetkontakten behandeln können. Aber Konferenzen, Super-, Mammut- und Globalkonferenzen geben den Journalisten und den Völkern das schöne Gefühl: Es wird etwas geschehen, es ist etwas geschehen und es geschieht etwas!

Das erste Konferenzereignis, das uns Taten vorspiegeln sollte, obwohl es sich wieder nur um eine Konferenz von Schreibtischen und Schreibtisch-Nicht-Tätern handelte, war die Konferenz zur Entwicklungsfinanzierung in Monterrey.

Die zweite war die Folgekonferenz zum Welternährungsgipfel in Rom. Man beachte die schöne kriterielle Unterscheidung: Es gibt ja nicht nur Konferenzen, Weltkonferenzen, sondern auch Folge-Konferenzen und Folge-Weltkonferenzen!

Und die dritte Konferenz war die Rio + 10 Konferenz für nachhaltige Entwicklung in Johannesburg.

An solchen Zusammenhängen empört auch dies: Eine ganze Semantik wird hochgezüchtet, die uns weismachen soll: Es geschieht etwas. Aber in Wirklichkeit wird etwas beraten oder koordiniert, d. h. in die Koordinaten einer Resolution oder einer Entschließung gebracht.

Dieser bigotte Eindruck wird noch durch ein Wort gesteigert, das Weltkarriere gemacht hat: „nachhaltig", „sustainable", „sustainability", „Nachhaltigkeit". Dabei geht es erneut darum, uns Sand in die Augen zu streuen. Denn dahinter verbirgt sich die Aussage: Früher haben wir nur konferiert und so getan, als würde etwas geschehen, aber alle Entschlüsse und Aktionen waren nur für den Tag. Nachts sind diese Entscheidungen und Aktionen wieder verfault. Jetzt aber haben wir das Zauberwort der Zaubersprüche entdeckt. Jetzt geschieht alles nachhaltig. Von jetzt ab müssen wir nur noch vor unsere Aktionen – wie früher den Vermerk „streng geheim" – den neuen Vermerk „nachhaltig" schreiben. Schon schlafen wir ein in Abrahams Nachhaltigkeitsschoß – ein Skandal.

Noch größer wird dieser Skandal dadurch, dass wir erleben: Die Anstrengungen, die wir in Europa gemacht haben, um diesen Skandal für uns wenigstens etwas erträglicher zu machen, sind windig und heuchlerisch. Es bestehen Programme unserer Regierungen, die schon deswegen nicht richtig greifen werden, weil sie mit einer Nonchalance durchgeführt werden, die von vornherein nicht an einem Erfolg orientiert ist. Denn im Blick auf die Entwicklungsländer sehen die Tatsachen so aus: „Die westliche Hilfe brachte rechnerisch im Vergleich zu den Rückzahlungen kaum noch Entwicklungskapital. Besonders folgenschwer war der Rückzug der Bankwirtschaft aus der Finanzierung der Entwicklungsländer, besonders Afrikas. Hatte sie 1981 noch 38 Prozent des Ressourcentransfers finanziert, so waren es 1989 nur noch acht Prozent. Der staatliche Anteil an den Kapitalübertragungen stieg gleichzeitig von 33 Prozent auf 62 Prozent. Hielten staatliche Gläubiger 1981 noch 38 Prozent der Drittweltschulden, so waren es 1989 schon 48 Prozent. In einer Zeit, in der am meisten über Entstaatlichung der Entwicklungszusammenarbeit geredet wurde, geschah in Wahrheit eine Verstaatlichung. Die Frage, ob staatliche Administrationen wirklich geeignet seien, Wirtschaftswachstum zu bewirken, wurde durch die Kraft des Faktischen erledigt."

So hat es Volkmar Köhler, ein wirklicher Kenner der Entwicklungshilfe und einer der ganz wenigen Kenner Afrikas unter den deutschen Politikern, gesagt. Köhler war von Oktober 1982 bis zum 21. April 1989 parlamentarischer Staatssekretär im Bundesministerium für wirtschaftliche Zusammenarbeit.

Wie in Europa, so in den USA. Die Reise von Bill Clinton nach Afrika 1998 war ein gigantischer Werbegag. Außer Worten und Pressekonferenzen ist nichts herausgekommen. Afrika, der Kontinent mit der erschreckendsten Armut, fällt aus der Aufmerksamkeit der westlichen Welt schlichtweg heraus. In Berlins Auswärtigem Amt spielt Afrika überhaupt keine Rolle mehr. Früher galt es als ausgemacht, dass sowohl der Bundespräsident als auch der Bundeskanzler und der Außenminister einmal im Jahr eine Afrika-Reise machen. Das ist längst belächelte Geschichte, im Archiv versunken. Afrika ist heute gespalten in die Republik Südafrika und den übrigen Kontinent. In Südafrika boomt die Wirtschaft, auch dank großer und weiterhin erfolgs- und profitträchtiger Investitionen deutscher Firmen. Der übrige Kontinent verdämmert und interessiert niemanden mehr.

1990 wurde in deutscher Synchronisation der Fernsehfilm „Der Marsch" gesendet. Den Zuschauern wurde vorher mit großer Verve erläutert: Keine Angst, dieser Film ist keine Dokumentation. Er ist die freie Erfindung des Autors William Nicholson.

Die Lage hat sich geändert: Aus der Fiktion wurden Fakten. In sehr kurzer Zeit hat sich eine Task Force verschiedener europäischer Staaten im Mittelmeer gebildet, die den realen Marsch der Armen auf unsere Wohlstandsfestung aufhalten soll. Vor kurzem zeigte der Iberien-Korrespondent der ARD in einem Filmbeitrag für den Weltspiegel genau die Situation auf den Ferieninseln des Mittelmeeres: Wie vor Mallorca und den anderen kanarischen Inseln unzählige Leichen angeschwemmt werden, Boote aufgebracht und zurückgeschickt werden. Europa will die Habenichtse und Schmuddelkinder nicht in seinem sauberen Luxuskontinent haben.

„Der Marsch" schildert, wie eine zusammengewürfelte Mannschaft von armen Schluckern sich unter der Führung von Isa El Mahdi auf den Weg macht, um bei Gibraltar auf das europäische Festland zu kommen. Dieser Film war trotz aller einschränkenden Vorgaben der Programmverwalter ein Wachrüttler. Die afrikanischen Menschen machen sich auf den Elendszug. Sie sind nicht durch die Armee von Yoweri Museveni oder durch die von Omar el Bechir – also nicht durch eine Aggression getrieben. Vielmehr hat die Filmdramaturgie den Marschierenden den gemeinsamen und etwas eigenartigen Wunsch zugeschrieben, sie wollten unter den Augen der Europäer dramatisch sterben. Eine Nötigung sei das zwar, wurde damals erklärt, aber nur mit begrenzter Aggressivität.

Die italienische Staatsfernsehfirma RAI hat damals die Übernahme des Films abgelehnt, obwohl er gar nicht in Italien spielt. Die RAI hatte Sorge, dass die öffentliche Diskussion über die massive Einwanderung aus Afrika nach Italien in die falsche und dann auch noch eine emotionale Richtung gelenkt werden würde.

Aber dieser Film sagte das Thema der nächsten fünf Jahrzehnte an, das durch die immer größer werdende Kluft zwischen dem Luxuskontinent Europa und Afrika, dem Kontinent der Habenichtse, so stark bestimmt ist, dass man nicht mehr konstruieren muss, was auf uns zukommen wird. Aus den ärmsten Ländern machen sich Tausende, demnächst wohl Zehntausende auf den Weg zu den Gestaden des gelobten Kontinents Europa oder zu andern Zielen in der Ersten Welt: Millionen Landarbeiter aus Mexiko etwa sind auf dem Treck zu den Grenzen der Vereinigten Staaten. Stacheldrähte und Grenzbarrieren werden diesen Zug nicht wirksam aufhalten.

Migrationen sind unserem historischen Bewusstsein eigentlich nicht fremd: Im Schulunterricht lernen wir viel über Völkerwanderungen: Wir hören von der großen germanischen Wanderung. Oder vom Auszug der Juden aus Ägypten. Der älteste Nachweis der Flucht, heißt es, sei ein Vertrag, der im Jahre 1283 vor Christus zwischen dem Pharao Ramses II. und den Hethitern über die Rückkehr von Flüchtlingen nach Ägypten geschlossen wurde. Das Erdenleben Jesu begann mit einer Flucht.

Migrationen stehen also am Anfang auch der europäischen Kultur. Heute reagiert Europa auf die Gefahr der Vermengung mit den „hergelaufenen“ Asylbewerbern mit einer Perfektionierung seiner Grenzpolizei und seiner Grenzschutzmodalitäten. Demnächst wird man Zäune aufstellen, die mit Laser arbeiten. Die Methoden der Grenzküsten-Marine werden immer effektiver werden. Doch geben wir uns keiner Illusion hin: Menschen, die in großer Not sind, werden immer wieder durch diese Zäune schlüpfen.

Wir gehen dieses Thema entwicklungspolitisch nicht offensiv an. Wir erfinden stattdessen Sündenböcke. Fluchthelfer sind die schlimmsten Vertreter der Menschheit, Kriminelle, für die, wenn nicht die Todesstrafe, so doch die lebenslange Einkerkerung die Konsequenz sein müsste. Wir bedauern die armen Menschen, die die letzten tausend Dollar zusammenkratzen müssen, denn das sind ja Menschen, denen man eigentlich eine freie Schiffspassage anbieten müsste. Aber das wollen wir nun schon gar nicht.

Freilich: Unsere deutschen und polnischen Juden wären in der Zeit der Verfolgung froh gewesen, es hätte mehr Fluchthelfer, auch gut und gern räuberische und erpresserische gegeben, die damals noch in der Lage gewesen wären, die Juden aus dem Europa herauszubringen, in dem sie kraft der Befehle der Nazischergen Hitlers alle vergast werden sollten.

Gibt es eine Rettung aus dieser Welt-Situation? Sicher ist: Wir können uns nur retten, indem wir die Kluft zwischen Arm und Reich geringer machen. Anzeichen für einen Politikwechsel, der dieser Einsicht Rechnung trägt, sehe ich noch nicht. Die Entwicklungshilfe ist nur ein Pflaster, mit dem wir öffentlich und politisch so tun als ob wir täten. Wir sagen zwar politisch-korrekt: Es sei besser, Isa El Mahdi da zu helfen, wo er geboren ist. Die Heuchelei bei diesem Argument: Wir tun genau das ja nicht. Wir schicken hochbezahlte Entwicklungshelfer und Consultants hinaus, die Studien machen, und – wenn sie länger dort leben – ihren gesamten Wohlstand aus Europa und manchmal mehr dorthin schleppen, wo die Habenichtse eben besser nicht sind.

Das 21. Jahrhundert wird nicht mehr nur das „Jahrhundert der Flüchtlinge“ sein. Das 21. Jahrhundert wird das Jahrhundert der Wanderung der armen Völker sein. Bei den geschätzt 6,2 Milliarden Menschen kann man jetzt, zu Beginn des Jahrhunderts, schon sagen: Jeder sechste ist ein Migrant, ein Heimatloser, ein Entwurzelter.

Können wir überhaupt etwas tun? Und wäre Hilfe nicht im eigenen Land ausgesprochen unpopulär? Droht nicht neuer sozialer Brennstoff, wenn wir die Tore aufmachen? Dagegen kann man nur sagen: Man kann helfen. Und es stimmt nicht, dass Fluchthilfe immer etwas Unpopuläres ist. Wir haben mit dem Schiff CAP ANAMUR in der Zeit zwischen 1979 und 1986 11480 Bootsflüchtlinge vor Vietnam aus dem

Wasser ziehen können. Wir haben das gegen alle Widerstände der Landesregierungen und mit der vollen Unterstützung der Bevölkerung tun können. „Fluchthelfer“ kann auch – und wird es künftig noch mehr – ein Ehrentitel sein.

Wir haben die Menschen dort abgeholt, wo sie in Gefahr waren zu ertrinken. Und haben sie nach Deutschland gebracht. Dort übrigens hat es eine Integration gegeben, mit der alle, die damit zu tun haben, nur zufrieden sein können. Einmal behalten diese Vietnamesen ihre Wurzeln. Die nächste Generation lernt und behält die vietnamesische Sprache. Ihr Zusammenhalt ist exorbitant groß. Es gab vom 6. bis 9. Juni 2003 den 27. Katholikentag der katholischen Vietnamesen in Aschaffenburg. Die Buddhisten haben ähnlich starke Erinnerungs- und Begegnungstreffen. Die Vietnamesen sind zugleich glänzende Bürger der Bundesrepublik, viele haben bereits den deutschen Pass. Es gibt so gut wie keine Arbeitslosigkeit unter den Vietnamesen. Die immer wieder beschworene Gefahr scheiternder Integration und die Angst vor sozialem Brennstoff ist also unbegründet.

Als Cap Anamur kritisiert wurde, das deutsche Schiff würde Menschen aufspüren, die sich selbst in eine bedrohliche Lage bringen, hat Heinrich Böll gesagt:

„Wenn man den einen aus dem Wasser zieht und den anderen nicht, betreibt man Selektion. Es gibt für mich den Menschgewordenen. Und weil der den Menschen, jeden Menschen ernst nimmt, in all seinen Dimensionen, muss ich das auch tun.“

Die Journalisten, die Böll damals fragten, meinten, um das so zu sehen, müsse man Christ sein.

Böll darauf: „Ich meine, das kann man auch als Atheist begreifen. Vergessen Sie nicht, die Kriminalität ist eine Dimension des Menschlichen. Ich bin auch kriminell. Ich bin ein potenziell Krimineller. Sonst können Sie gar keine Romane schreiben, wenn Sie nicht potenziell kriminell sind.“

Und auf die Frage, ob das Schiff nicht die Flüchtlinge geradezu anlocke, sagte Böll: „Die These ist doch vollständig irrsinnig, wenn sie die Umstände bedenken, unter denen die Leute dort fliehen, meist ohne Kompass auf ein riesiges Meer, und wie wenig in Wirklichkeit von der „Cap Anamur" in Vietnam bekannt ist."

Frage: Würden Sie, wären Sie Vietnamese, aufs Meer gehen?

„Ich wäre zu feige. Das wäre mir zu riskant, muss ich ehrlich sagen. Ich würde wahrscheinlich angesichts der Klage dort, vor allem angesichts der dort herrschenden Korruption in Apathie verfallen und Opium rauchen, wenn ich es bekäme." (Böll zitiert nach: Spiegel, 19. Oktober 1981, „Auch einen Zuhälter retten", Spiegel-Interview mit dem Schriftsteller Heinrich Böll über die Rettung vietnamesischer Flüchtlinge.)

Das Thema Migration wird uns nach den letzten Kriegen massiver beschäftigen, als uns heute noch lieb ist. Es wird stärkere Fluchtbewegungen und mehr Flüchtlinge geben als in den letzten Jahrzehnten – auch wenn das zu den Nachrichten gehört, die nicht jeden Tag Schlagzeilen machen. Wir sollten uns nicht von dem bestimmen lassen, was Eingang in die Schlagzeilen findet oder in den Nachrichten auftaucht. Denn die Medien folgen immer mehr eigenen, problematischen Gesetzen.

Der Aktualitätsterror

Es gibt eine schleichende Form von Terror, der sich wie Mehltau auf unser Bewusstsein legt: der Aktualitätsterror. Man kann ihn nicht spüren, aber plötzlich ist man von ihm wie von einer Krankheit ergriffen. Er macht sich in doppelter Weise bemerkbar.

Einmal hat dieser Terror schon immer die grässliche Unsitte des Journalismus aufgegriffen: nämlich nur aktuelle Katastrophen, Zusammenbrüche, Massenmorde, Amokläufe, Erdbeben und Bus-Unglücke in die Koordinaten der eigenen Bild- und Ton-Nachrichten hineinzupacken. Die gute Nachricht, die Mitteilung, dass es Ereignisse, Dinge, Taten auf dieser Welt gibt, die gelingen und die hervorragende Ergebnisse bringen, findet in diesem Theater des Aktualitätsterrors nicht statt. Ein Beispiel: Dass die afghanische Landbevölkerung (80 % der Menschen in diesem Land) im Jahr 2002 in überbordendem und nach deutschen Tarifverhältnissen nicht erlaubtem Fleiß eine Rekordernte eingefahren hat, wird nicht berichtet, von Attentaten – in einem Land mit dieser Geschichte kein Wunder – dagegen sehr wohl. Die zahlreichen Unfalltoten hierzulande regen niemanden mehr auf. Wir haben uns entschlossen, mit der Gewissheit der statistischen Erwartbarkeit von zig Toten im Straßenverkehr zu leben, nicht aber mit einem Ermordeten in Kabul.

Mit der Katastrophenfixierung einher geht ein Verlust der Ethik und des Unterscheidens im Journalismus, wenn es nicht mehr um die Information geht, sondern um die Quote, also darum, möglichst viele Menschen zu einer Sendung vor die Mattscheibe zu locken.

Vor einiger Zeit lief um 22.10 Uhr im ZDF ein halbstündiger Filmbericht: „Knochenarbeit", eine Sendung über die polnische Gerichtsmedizinerin und Anthropologin Eva Klonowski, die fünf Jahre nach dem Bosnien-Krieg noch unter größten Anstrengungen die Identifikation der Kriegsopfer weitertreibt. Als ich das ZDF beglückwünschte, erhielt ich die Antwort: Der Film sei leider durchgefallen. Er habe nur eine Quote von 7,5 gehabt und müsste zu dieser guten Abend-Sendezeit eine Quote von 9,5 % bekommen. Was zählt, ist nicht der qualitative Anspruch von Aufklärung und Analyse. Es zählt die Quote.

Drei Millionen Menschen sind Opfer der Kriege und des Elends in dem Gebiet gewesen, das früher Zaire hieß und 1997 die Demokratische Republik Kongo geworden ist. So hieß es in einer Nachrichtensendung des ZDF. Was Marietta Zlomka im ZDF-„heute journal" dem Zuschauer erklärt, ist mehr als problematisch. Die Zahlen sind willkürlich, von irgendwem in die Welt gesetzt. Es können auch 456 980 Menschen sein, die verröchelt sind, oder auch 5 Millionen. Niemand weiß es. Die Medien müssen aber so tun, als ob es eine Zahl gäbe.

Die Art, wie durch die mediale Bildersucht plötzlich das Thema Kongo hochkommt und den Schein erweckt, es gebe dort etwas Aktuelles zu erleben, ist geradezu schamlos. Nach mehr als fünf Jahren des brutalen Mordens in den unendlichen Weiten der Regenwälder des Kongo – das die Medien gleichgültig ließ – wird plötzlich an einem Zipfel etwas festgehalten. Bis zu diesem Zeitpunkt hatten die leidenden Menschen in Afrika keine Lobby.

Es ist immer das Gleiche: Da hatte es das ganze Jahr 2002 über das Thema Afghanistan gegeben. Ende 2002 wurde das Thema fallen gelassen wie eine heiße Kartoffel. Es war plötzlich überhaupt nicht mehr da. Und wenn in Afrikas Erde der Vulkan bei Goma ausbricht, dann sind innerhalb von Stunden und Tagen alle Reporter aller großen Agenturen und Sender vor Ort, um die starken Bilder der Lavamassen einzufangen, die sich bis mitten in die Großstadt eingefressen haben. Die Tragödie eines leidenden Kontinents dagegen interessiert die Medien nicht.

Der Aktualitätsterror führt dazu, dass die Nachricht von dem Unglück oder dem Selbstmord des Politikers Jürgen Möllemann sofort alles überlagert, was die Weltnachrichten angeht. Wir erleben die globalisierte Welt dadurch sehr provinziell – und immer in zufälligen Ausschnitten. Monate waren wir seit dem Beginn des US-Angriffs auf den Irak nur mit dem Irak beschäftigt. Heute kann sich sehr schnell einseitig der Kongo in den Vordergrund schieben. Morgen versinkt alles, was heute wichtig war in den Orkus der Nichtwahrnehmung und des Vergessens.

Wie kann man einen Krieg beenden? – Das Beispiel Sudan

48 Jahre dauert nun schon der Krieg in Zentralsudan und im Süden des Landes, der unzählige Tote gefordert hat. 1955 kam es zur Unabhängigkeit und zur Konstitution eines souveränen Staates Sudan. Jeder konnte freilich von Anfang an wissen, dass dieser Staat aus zwei verschiedenen Ländern, aus zwei verschiedenen Völkern und zwei unterschiedlichen Kulturen bestand: Araber im Norden, Schwarzafrikaner im Süden. Wir Europäer, unsere Vor-Vorfahren, durften die Schwarzafrikaner im Süden noch schlicht „Neger" nennen, ohne dass das eine gravierende Verletzung des politisch-korrekten Kodex war. Diese Zeit ist – bei uns – zum Glück vorbei. Die Araber im Norden des Sudan freilich halten sich bis heute für die von Gott und Allah gesandten Herren dieses riesengroßen Nil-Landes und wollen vom Reichtum dieses Landes nichts an die verachteten Schwarzafrikaner abgeben.

Ich frage mich: Warum verhindern und beenden wir nicht mehr Kriege? Und ich werfe mir selbst vor: Ich habe den Krieg im Sudan in den Jahren 1999 und den folgenden beiden Jahren beenden wollen. Ich habe nach einem großen Politiker mit einem bekannten Namen gesucht, der sich für eine so anstrengende und wenig anerkannte Arbeit engagiert, um in einer Art Shuttle-Diplomatie nach der Methode Henry Kissingers den Bürgerkrieg wirklich zu einem Ende zu bringen.

Ich bin mit Heiner Geißler und Norbert Blüm und einem Team der Not-Ärzte von CAP ANAMUR durch die Nuba-Berge marschiert. Danach hatten wir drei uns geschworen: Wir bringen diesen Konflikt zu einem Ende.

Wir haben das nicht geschafft.

Erst haben wir uns in einem ziemlich anstrengenden Marsch über drei Tage vom Airstrip Ardakanon bis zur Klinik in Lwere begeben. Wir kamen dort völlig erschöpft an, nach einer Anstrengung, für die Heiner Geißler das Wort „grenzwertig" fand. Nach zwei Tagen, für die wir die einzigartige Hoffnung der Nubastämme gewesen sind, Tagen, in denen die beiden deutschen Politiker gefeiert worden sind, wie kein Bundeskanzler je mit größerer Herzlichkeit irgendwo auf der Welt geehrt wurde, sind wir drei ganze Tage wieder zurückmarschiert. Das ganze Unternehmen sollte eigentlich vom Auswärtigen Amt verhindert werden, angeblich war es illegal angelegt. Der neue deutsche Botschafter Jürgen Werth hatte Weisung von Berlin, er sollte den beiden Parlamentariern das Fußmarsch-Unternehmen ausreden. Es kam am Flughafen in Nairobi zu der denkwürdigen Begegnung der beiden bekannten Großpolitiker mit dem gestandenen Botschafter. Diese Begegnung wurde in dem kleinen Hotel fortgesetzt, das wir deshalb gewählt hatten, weil wir wenig Geld für so etwas ausgeben wollen. Dort, am unstandesgemäßen Ort, musste der Botschafter seinen Widerstand aufgeben.

Die beiden Politiker wurden die Freunde der Nuba-Stämme. Sie haben erlebt, wie mehrmals am Tag in dem einfachen Compound und in der Klinik die Menschen immer sofort gelaufen sind, wenn sie ein leises Geräusch hörten, was näherkommend sich als das einer Antonow erwies. Dann wurden sofort die weit gefächerten Solarpanels mit einer Bastmatte abgedeckt, denn sie hätten einen Anziehungspunkt für die Bomben der Antonow liefern können.

Die beiden wollten nun zumindest versuchen, den Großherrscher in Khartoum dazu zu bringen, auf die willkürlichen Bombenabwürfe über den Dörfern zu verzichten. Deshalb stand am Ende des Besuches in den Nuba-Bergen, genauer am 23. Dezember 1999, da wir nach sieben durchmarschierten Tagen wohlbehalten am Flughafen Jomo Kenyatta wieder eintrafen und uns das erste wirklich kühle Bier genehmigen konnten, ganz fest, dass die Reise ihre Fortsetzung in einer weiteren haben würde: zu der Regierung im nördlichen Khartoum.

Wir haben uns also im Februar 2000 auf den Weg gemacht und sind nach Khartoum gegangen. Wir haben die Hauptstadt des Sudan nach dem Versprechen des damaligen deutschen

Botschafters erreicht, dass wir den Staatspräsidenten des Sudan, Generaloberst Omar El Bechir, treffen und mit ihm über – wenigstens – die Beendigung der Bombenangriffe sprechen könnten. Doch hat uns der Botschafter Dr. Werner Daum wahrscheinlich ein Schnippchen geschlagen. Er war bekannt dafür, in weiten Kreisen der eigenen Botschaft wie des damaligen Auswärtigen Amtes, dass er das fundamentalistisch geprägte Regime in einem geradezu unverschämten Maße gestützt hat. Er konnte deshalb unseren Versuch gar nicht unterstützen, die Menschenrechte im Sudan zu stärken und für die Menschen im Sudan einzutreten, die auf unsere Hilfe angewiesen waren.

Wir hatten auch nach dem ersten Tag noch das klare Versprechen: Der Präsident wird uns empfangen. Doch am frühen Morgen unseres ersten Tages, als wir im Hotel in Khartoum aufwachten, erfuhren wir: In den Nuba-Bergen waren 18 Schulkinder von zwei Bomben, die auf die katholische Babita-Schule gefallen waren, etwa 10 Kilometer von unserem Hospital in Lwere entfernt, zerfetzt worden. Zwei schwer verletzte Kinder konnte die damalige Chirurgin in dem Team, Dr. Tina Wolff, noch durch eine Notoperation retten.

Wir waren empört und entsetzt und hätten beim Gespräch mit Präsident Omar El Bechir aus unseren Herzen keine Mördergrube gemacht. Doch als wir am Nachmittag in die Residenz des Botschafters Dr. Werner Daum geladen waren, sagte der uns beiläufig, der Präsident hätte nun doch am morgigen Tag keine Zeit. Er würde uns einen der Vizepräsidenten des Landes zum Gespräch empfehlen. Das Stück Kuchen, das wir an der vornehmen Botschaftertafel gerade im Mund hatten, blieb uns in der Kehle stecken. Uns platzte der Kragen. Wir drei zogen uns in dem trügerisch berauschenden Garten der Residenz am Nilufer zu einer kurzen Beratung zurück. Heiner Geißler sagte: „Wir müssen den offiziellen Besuch sofort abbrechen, wir machen nur noch private Besuche bei Menschenrechtsvereinen und den Kirchen, aber nichts Offizielles mehr."

Nie werde ich den Moment vergessen, als wir auf einen Unternehmer deutscher Herkunft trafen, der stolz war, den berühmten Norbert Blüm zu treffen. Er wollte uns ganz schnell, innerhalb von Minuten, einen Termin beim Präsidenten des Sudan besorgen. Während er immer neue Lobeshymnen auf diesen Mann anstimmte, saß Norbert Blüm am Rand einer See-Einfriedung und wiederholte in langen Abständen immer wieder nur den einzigen Satz: „Wer Bomben auf Kinder wirft, ist ein Verbrecher!"

Wir sagten alles ab und flogen am übernächsten Tage nach Deutschland zurück. Unverrichteter Dinge.

Die Frage, die mich angesichts solcher Erfahrungen umtreibt: Warum gibt es nicht mehr Beharrlichkeit bei Friedens-Vermittlungen? Botschaftssekretär Dr. Lehne sagte mir ganz klar: „Es wird in diesem Land eine Änderung der Lage erst dann erreicht, wenn – mit ganz harten Terminen und Ultimaten – ein hochrangiger Vertreter der westlichen Welt auftaucht, der solange im Lande herumshuttlet, bis der Waffenstillstandsvertrag und der Friedensvertrag unterzeichnet sind." Ein Mann vom Format Jimmy Carters müsste das sein, der gerade im Frühjahr 1999 zwischen Yoweri Museveni und Omar el Bechir einen Frieden ausgehandelt hatte.

Ich habe dann in Deutschland den Kontakt mit Richard von Weizsäcker gesucht: Dieser hatte Interesse, aber keine Zeit, weil mit einer UN-Kommission beschäftigt. Prof. Roman Herzog war wegen des Todes seiner Frau nicht ansprechbar. Kurz, ich kam auf keinen grünen Zweig.

Ich mache mir heute selbst Vorwürfe, diese Bemühungen nicht energisch genug durchgehalten zu haben. Hatte ich mir nicht vorgenommen: Bis Ende 2002 muss es endlich eine Perspektive geben für die sechs Millionen Schwarzafrikaner im Süd-Sudan? Wir haben viel getan. Wir haben uns dem Vorwurf der Illegalität ausgesetzt. Doch was wir gemacht haben, war zu wenig und hat nicht ausgereicht. In der Folgezeit habe ich meine ganze Aufmerksamkeit und Kraft auf das Land Afghanistan konzentriert. Und der Sudan trat in den Hintergrund. Und dann wurden auch die Nachrichten aus Tschetschenien immer schlimmer. Und wir haben eine Reise nach Tschetschenien geplant.

Das „Unternehmen Tschetschenien“

Am 6. Januar 2003 flogen wir nach Moskau. Ich selbst hatte, um Hilfsaktionen zu besprechen, eine Vereinbarung für ein Treffen mit Ahmed Kadyrow, dem Ex-Mufti von Tschetschenien, dem Beauftragten von Wladimir Putin. Wir hatten die Visa bekommen, ich hatte auf Grund der Anstrengungen von Kadyrow sogar ein Jahresvisum für Tschetschenien erhalten. Norbert Blüm, Günter Wallraff und ich hatten uns zu einer Gruppe von Menschenrechts-Merkern (Human Rights Watchers) zusammengeschlossen.

Mit großer Inbrunst hatten wir uns in diese Aufgabe geworfen, voller Mut und Verve saßen wir im Flugzeug. Die vielen deutschen Passagiere in der Lufthansa-Maschine fanden es gut, dass wir uns hier engagierten. Wir trafen den Spiegel-Korrespondenten Christian Neef. Mit ihm hatten wir uns für den Tag nach der Rückkehr aus Tschetschenien verabredet. An der Sperre nach dem Gepäckband stand auch schon Dietmar Schumann vom ZDF-Büro in Moskau, der am folgenden Tage mit uns nach Nasran, also in das Nachbarland Inguschetien, geflogen wäre.

Ich war der erste in der Reihe, der aussortiert wurde. Dann kam es zu der gleichen Situation mit Norbert Blüm. Dann auch noch mit Günter Wallraff. Alles geschah mit der bekannten feindseligen Eiseskälte, die Ex-KGB Mitarbeiter an sich haben. Wir mussten ohne Pass erst mal herumstehen. Es wurde uns ein bewaffneter Polizist an die Seite gestellt, der aufpassen sollte und uns auch beim Gang zur Toilette hinderte. Dann wurden wir in die erste Etage zu einem KGB-Büro gebeten, das sich als Büro des Außenministeriums ausgab. Ein junger Bürokrat hatte dort die Aufgabe uns zu sagen, dass das Visum von Günter Wallraff sofort für ungültig erklärt und gestempelt würde. Als wir beide, Blüm und Neudeck, fragten, ob wir denn mit unseren ordentlichen Pässen und Visa jetzt gehen dürften, wurde uns ein Verhör in Aussicht gestellt. Erst dann würde man wissen, ob wenigstens wir durch die Sperre nach Moskau gelassen würden. Unsere Reaktion: Entweder wir gehen zu dritt oder wir gehen überhaupt nicht.

Jetzt wurden vor unseren Augen die Visa in den Pässen annulliert. Man erklärte uns zu „personae non gratae", zu unerwünschte Personen. Mit dem nächsten Flugzeug müssten wir nach Frankfurt zurück.

Konsterniert über ein so unverschämtes Verhalten, stotterten wir zunächst etwas über ein Gespräch mit dem deutschen Botschafter. Das wurde uns von dem Natschalnik am Flughafen verweigert. Wir hätten nun gar nichts mehr zu bestellen, wir müssten zurück. Kurzfristig überlegten wir einen Sitzstreik am Flughafen. Dann verlangten wir Auskunft über unser Gepäck. Auch darum mussten wir kämpfen. Christian Neef rief mich mit seinem Handy über die Zoll- und Immigrationsperre an und fragte, wo wir denn blieben.

Danach hatten wir ein Gespräch mit Joschka Fischer. Der Minister versprach, er würde mit dem Außenminister-Kollegen sprechen und versuchen, uns neue Visa zu besorgen. Vier Wochen später kam dann die Nachricht: Der russische Außenminister Iwanow habe diese Visa zugesagt, wir müssten aber die Einladung haben. Kurz, bis heute hängen wir weiter in der Luft. Es soll niemand nach Tschetschenien, der so ist wie wir.

Europa-Abgeordnete dürfen nach Tschetschenien gehen. Die richten keinen Schaden an und sind froh, wenn sie hochrangig empfangen werden. Nur: ihre Besuche haben bisher nichts ergeben, was die Lage der Menschen auch nur andeutungsweise verbessert hätte.

Wir drei haben es bisher nicht gewagt, den illegalen Weg zu nehmen. Immer noch, bis zum 6. Juni 2003, hatten wir auf unser mächtiges Auswärtiges Amt gesetzt, das uns ja noch am 5.

Mai erklärt hatte, aus der Feder des Bundesaußenministers selbst: „Mein Kollege Iwanow selbst hatte mir erklärt, es gebe keine grundsätzlichen Hindernisse, die Ihrer Reise nach Russland oder Tschetschenien entgegenstünden.“

Doch dann kam die kalte Dusche. Genau ein halbes Jahr nach der Abweisung am Moskauer Flughafen Scheremedjewo flatterte ein Brief an den Bundesminister a.D. Norbert Blüm ins Haus, der ein einziges Armutszeugnis und eine Bankrotterklärung für eine humanitäre Menschenrechtspolitik darstellt. Schließlich sagt unsere Regierung vollmundig dem eigenen Volk und der Welt, wie vorzüglich und problemlos die Beziehungen der beiden Staaten Deutschland und Russland gestaltet sind.

„Sehr geehrter Herr Minister, …

Aus unserer Sicht kann sich die russische Regierung in keinem Zweifel über den besonderen Charakter Ihrer geplanten Reise befinden. Wir haben mit Hinweis auf den besonderen politischen Kontext der russischen Seite klar verdeutlicht, dass die Reise deswegen nicht an formalen Hindernissen scheitern dürfe … sieht sich die russische Regierung gegenwärtig nicht in der Lage, eine Einladung nach Tschetschenien auszusprechen. Der Leiter der tschetschenischen Administration Kadyrow ist jedoch bereit, Sie nach Moskau einzuladen und dort für ein Gespräch über Stand und Entwicklung der humanitären Hilfsmaßnahmen für Tschetschenien zur Verfügung zu stehen.“

Ein gutes halbes Jahr waren also die Apparate in Berlin und in Moskau in der Lage gewesen, uns hinzuhalten. Und wir waren bereit, uns hinhalten zu lassen. Ist es so, dass wir zu keiner unmissverständlichen, energischen Aktion mehr in der Lage sind? Die Grünen-Abgeordneten haben sich in der Apartheid-Zeit einmal in der deutschen Botschaft in Pretoria angekettet. Darunter war die jetzige Staatssekretärin im BMZ, Uschi Eid. Wir können heute nur davon träumen, was alles an zivilem Ungehorsam möglich war in einer Zeit, als etwa Petra Kelly gezeigt hat, was Menschenrechtspolitik und

Einsatz für Menschen in so genannten aussichtslosen Situationen bedeutet.

Chancen und enttäuschte Hoffnungen

Friedensarbeit braucht mutige Vorreiter – sie braucht Gemeinschaft und Partner. Deshalb hatte ich immer den brennenden Wunsch, eine deutsche Kirchengemeinde mit einer deutschen kirchlichen Akademie für eine aktive Vermittlungsrolle im Friedensprozess im Sudan zu gewinnen. Mein Vorbild war die Arbeit der Kirchengemeinde St. Egidio in Rom Trastevere. Diese christliche Basis-Gemeinde hat in genau vier Jahren einen der bewundernswertesten Siege der modernen Politik errungen und das katholische Selbstverständnis im Sinne einer internationalen Verantwortung gelebt. Und das, obwohl oder gerade weil sie das Unternehmen nicht politisch, sondern aus der Kraft einer kirchlichen Gemeinde angelegt hatte. Ich hatte von dieser Gemeinde vorher nur gehört. Nachdem der Friedensvertrag für Mozambique unterzeichnet war, besuchte ich sie. Dieser römischen Gemeinde also war es – 1989, dann verstärkt im August 1990 – gelungen, die beiden kämpfenden Parteien in dem vom Krieg heimgesuchten Mosambik in Rom zusammenzuführen. Die Gemeinde St. Egidio konnte den Kontrahenten klarmachen, dass sie weder politische noch ökonomische oder Anlage- und Investitionsinteressen in dem südostafrikanischen Land vertrat. Und sie konnte darauf hinweisen, dass sie weder mit den Regierungen Afrikas noch mit denen in Europa und auch nicht mit dem Apartheidregime in Südafrika oder mit der im Wortsinn mörderischen Bewegung der Renamo in den Eingeweiden von Mozambique etwas zu tun hatte. Es gab in der Gemeinde St. Egidio keine Aktienbestände, keine Beteiligungen an Waffen- und Munitionsfabriken, keine Investitions-Interessen, keine nationalen Interessen. Die Teilvereinbarungen der Konferenzen waren immer wieder von Rückschlägen begleitet.

Vermittlungsbemühungen von Robert Mugabe (Zimbabwe) und Präsident Masire (Botswana) führten Anfang August 1992 zu einer ersten direkten Begegnung zwischen Mozambiques Präsident Chissano und dem Führer der Widerstandsfront Alfonso Dhlakama in Rom. Anfang Oktober 1992 unterzeichneten sie in Rom in der Trastevere-Gemeinde einen Waffenstillstand, der den Weg zu einer von internationalen Beobachtern kontrollierten freien, demokratische Wahl öffnete. Der Bischof von Beira war bei der Vorbereitung dieser unendlich geduldigen Vermittlung einer der wichtigsten Menschen. Staatspräsident und Frelimo-Chef Chissano und der Renamo-Führer Dhlakama unterschrieben schließlich den Friedensvertrag – einer der wenigen der Zeitgeschichte, der ohne alle Einwände richtig funktioniert.

Der Ruf dieser Vermittlungsaktion war so groß geworden, dass ich im Jahre 1994 in Luanda zum deutschen Botschafter Edig gerufen wurde. Der erzählte mir, der damals noch sehr aktive und ziemlich unberechenbare Jonas Savimbi, Führer einer der beiden Bürgerkriegsparteien der Unita, habe ihn gefragt, ob er wüsste, wie man an die Gemeinde St. Egidio herankäme.

Diese friedensstiftende Kraft, die in christlichen Institutionen stecken kann, hat mich fasziniert. 2001 machte ich also über ein ganzes Jahr den Versuch, eine deutsche Katholische oder Evangelische Akademie für einen solchen Friedens-Vermittlungsversuch zu finden. Das Resultat: Die einen klagten über irrwitzige Finanzprobleme der Akademien. Die anderen erklärten, dass sie sich eine Sudan-Tagung allenfalls für das Jahr 2006 vorstellen könnten. Die Vorstellung, in der Bundesrepublik Deutschland würden die fest angestellten Mitarbeiter einer Akademie oder einer Gemeinde in zwei Jahren immer wieder mit afrikanischer Gastfreundschaft und der notwendigen enthusiastischen Form, in der Gäste in Afrika empfangen werden, konfrontiert, erscheint offensichtlich hierzulande unmöglich bis widerrechtlich. Die Vorstellung, dass man dabei auf Wochenenden verzichten und auch einmal am Freitag nachmittag und am Sonnabend, ja auch am Sonntag und vielleicht an den Festtagen mit ihrem zusätzlichen Montag, den die deutsche Tarifordnung bereithält, zusammensitzen würde, löst in solchen ordentlichen Instituten Ohnmachts- und Vergeblichkeits-Krämpfe aus. Was hätte Jesus wohl in einer solchen Situation getan? Und wie kann sich eine reiche Kirche so weit von dem entfernen, was zum Kern ihres Selbstverständnisses gehört? Unter der Käseglocke der Tarif-, Versicherungs- und Luxus-Ordnung erstickt ihr Auftrag angesichts der Not der Menschen.

Ich klage nicht nur die deutsche Kirche, ich klage auch mich selber an – ich habe so vielen Menschen so viel Hoffnung gemacht. Bei drei Besuchen in den Nubabergen bin mit dem Bischof Macram Max Gassis zusammen gewesen und habe ihm den Eindruck vermittelt: Wir machen das, wir müssen nur die richtigen Leute wie bei einem Konklave einschließen und warten, bis aus der Hütte der Rauch aufsteigt.

Und dann habe ich mich anderen Plätzen und anderen Problemen, anderen Urlauben und leichteren Aufgaben zugewendet.

Wenn die Kirchen und Weltreligionen heute bei jungen Menschen einen so schlechten Ruf haben, dann auch deshalb, weil sie ihre Friedensaufgabe nicht ernst genug nehmen. Niemand kann begreifen, weshalb mitten in Europa sture, hartnäckige Scharfschützen und Sniper der Protestanten und der Katholiken in Nordirland aufeinander schießen, sich provozieren und über eine zivile Gesellschaft ein unendliches Elend und Leiden bringen. Niemand kann begreifen, weshalb der Papst in Rom seinen Katholiken, die sich in dieser Weise vergehen, nicht die Möglichkeit entzieht, sich weiter auf den Herrn Jesus Christus, den Weg, die Wahrheit und das Leben zu berufen. Und weshalb das der anglikanische und der protestantische Bischof nicht gleichermaßen tun.

Religion, Gottesdienst, Gebet machen keinen Sinn, wenn sie Gewalt und Militanz begleiten. Dass solche unheiligen Allianzen verderblich sind, gilt für alle Religionen. Als die Taliban in Afghanistan auch noch auf die düstere Idee kamen, die Buddha-Statuen in Bamyan zu sprengen, um Platz zu schaffen für die Monomanie des einen Allahs und der Söhne des Propheten, da war dies vor aller Welt ein offensichtlicher Erweis dafür, wie weit die Verblendung fanatisierter Religion gehen kann. Die Wahrheit der Religionen erweist sich nicht im dogmatischen Streit über absolute Wahrheitsansprüche. Sie erweist sich in ihrer Menschlichkeit. Religionen bergen ein großes Konflikt- und Konfrontationspotenzial in sich. Ihr Friedenspotenzial ist ebenfalls groß. Diese Welt wird nur überleben können, wenn wir es nutzen.

Wer sein Christsein ernst nimmt, muss sich selber die Frage nach dem Versagen stellen – angesichts der Herausforderungen, denen wir uns gerade als Christen stellen müssten: Wir machen den ganzen Unfug der modernen säkularisierten Gesellschaft mit. Wir sorgen vor – bis zum Exzess. So als ob wir das Gleichnis aus dem Evangelium vergessen hätten: „Seht die Lilien des Feldes, wie sie wachsen: sie mühen sich nicht ab und spinnen nicht, aber ich sage euch, nicht einmal Salomon in all seiner Pracht war gekleidet wie eine von ihnen.

Wenn nun Gott das Gras des Feldes, das heute steht und morgen in den Ofen geworfen wird, so kleidet, wieviel mehr wird er's euch tun, ihr Kleingläubigen!“ (Matthäus 6, 28 – 30)

Wir haben dauernd Angst und fürchten uns. Aber der, der uns geschaffen hat und der uns in unserer Existenz in allen bedingten Zusammenhängen mit Volk, Clan, Familie, festhält und der uns erhält („wie es dir immer gefällt“), hat uns gesagt: „Fürchtet euch nicht!“ Aber wir fürchten uns pünktlich. Nein, nicht vor den statistischen Gefahren des Straßenverkehrs oder des schlechten und gierigen Fressens oder des Saufens und Rauchens, sondern vor den Krankheiten bei den nicht so wertvollen Menschen, den Schwarzafrikanern, der Ansteckung durch Ebola und Aids. Vor den Gefahren der Malaria und der TB. Wir fürchten uns und schützen uns vor der Furcht.

Kommt es wirklich zu einer Gefahr, dann nehmen wir Christen in aller Regel nicht etwa zu unserem Herrn Jesus

Christus Zuflucht, sondern setzen alles Vertrauen der Welt in die Krisenstäbe des Auswärtigen Amtes oder in die Evakuierungsagenturen, die uns wertvolle Menschen aus der Hölle von Kigali oder Bali, dem Kosovo oder dem Kongo, Kisangani oder Basra herausfliegen. Solidarität mit den Schmuddelkindern? Loyalität mit den Lieblingen Gottes, den Habenichtsen und Schmutzfinken? Nein, also so ernst war das, was wir da auf der Kanzel verkündet haben, nun auch nicht gemeint.

Die betenden Muslime in der einfachen Medresse von Saddam City stehen mir alternativ immer wieder vor Augen.

Das Dilemma der Kriege

Friede ist etwas, was aus der Tapferkeit der Seele entsteht. Manchmal aber entsteht der Friede erst dann, bei den UNO-Blauhelmen im Bunia im Kongo z. B., wenn sie eine bessere Bewaffnung und schwereres militärisches Gerät bekommen, mit dem diese Soldaten wirklich drohen und diese Drohung auch wahrmachen können.

Nie vergesse ich das erbärmliche Bild von Bangladeshi-Blauhelmen, die in der gefährlichsten Situation Ende 1994 als Ersatz für ein französisches Kontingent in die Bihac-Tasche im Nordwesten von Bosnien geschickt wurden und nicht nur wegen ihrer zum Erbarmen dünnen Kleidung entsetzlich froren, sondern nicht einmal genügend Handfeuerwaffen und schon gar nicht schweres gepanzertes Gerät mitführten. Sie haben die bedrohten Menschen dem Frieden nicht näher gebracht.

Kriege sind immer furchtbar. Für manche versklavten Völker allerdings sind sie notwendig. Es ist wichtig, dass Kriege, wenn demokratische Nationen und Staaten sie schon führen müssen, wirklich nötig, Menschenrechts-notwendig sind. Im Frühjahr 2003 hatten wir einen Krieg, der uns zurückgeworfen hat. Denn er war so nicht unbedingt nötig.

Der Kosovo-Krieg war aus meiner Sicht ebenso notwendig wie in der Schlussphase die Bombenangriffe auf die Kommunikationsanlagen und Munitionsdepots der serbisch-bosnischen Armee in Bosnien. Für mich ist auch der Krieg gegen die Taliban in Afghanistan wirklich notwendig und wichtig gewesen. Und ich weiß durchaus, dass man das nicht leichtfertig sagen darf. Denn bei solchen Angriffen, die die westlichen Armeen ja nur noch aus der Luft heraus durchführen, gehen immer auch viele unschuldige Menschen in den Orkus der Atomisierung, der Verstäubung. Jörg Friedrich (Autor von „Der Brand. Deutschland im Bombenkrieg 1940–1945“, Propyläen Berlin 2002) hat mir in seinem Arbeitsbüro in Berlin Bilder gezeigt, die er in den letzten Monaten nach Erscheinen seines Buches aus den letzten Monaten und Jahren des Zweiten Weltkrieges bekommen hat. Wie Menschen von den Feuerstürmen der Bombennächte und -tage verstümmelt waren, kann man diesen Fotos ansehen. Wer sie gesehen hat, den packt das Grauen und er bekommt während der nächsten Nächte Alpträume.

Und sagen muss man auch: Flächenbombardierungen, die nicht kriegsentscheidend sind und Zivilisten treffen, sind wohl ein Verbrechen – obwohl das meist erst nachträglich festgestellt wird!

Immer wieder aber gehen auch westliche Armeen mit uranangereicherter Munition vor und benutzen Bomben, die vom internationalen Kriegsrecht und der Den Haager Landkriegsordnung verboten sind. Diese Armeen sind bei der Verwendung solcher Munition und solcher Bomben und Granaten in nichts gerechtfertigt. Wenn es wahr ist, dass die US-Amerikaner jetzt dabei sind, die kleine, „saubere“ taktische Atombombe zu erfinden, dann dürfte das der westlichen Wertegemeinschaft einen Schlag versetzen, von dem sie sich nur schwer wird erholen können.

Freilich muss man auch sagen: Der Krieg gegen Nazi-Deutschland war auch notwendig. Wenn er nicht geführt worden wäre, könnte ich diese Zeilen nicht schreiben.

Erwartungen an meine Gesellschaft

Der amerikanisch-europäische Konflikt um den Irak-Krieg hat vielen Menschen hierzulande – unabhängig davon, dass man die gegenwärtige Bush-Administration nicht mit Amerika gleichsetzen sollte – klargemacht: Es darf nicht sein, dass Europa nur ein Punching-Ball in den Händen der US-Amerikaner ist. Europa muss ein ganz starker politischer Kontinent werden, der sich von keiner Macht der Welt etwas vormachen lässt.

Der Weg zu einem solchen gemeinsamen Europa ist noch sehr lang. Jeder einzelne ist als Bürger in diesem Prozess gefordert, aber auch unsere ganze Gesellschaft und ihre politischen Institutionen. Deshalb spreche ich auch davon, was meine Bundesregierung, mein deutsches Parlament und meine deutsche Gesellschaft tun kann.

Meine Bundesregierung betreibt seit über 40 Jahren eine Entwicklungspolitik. Sie hat seit über 40 Jahren eine Gesellschaft für Technische Zusammenarbeit (GTZ) und ein Bundesministerium für Wirtschaftliche Zusammenarbeit (BMZ). Aber alle Milliarden haben nichts gebracht. Im Gegenteil, diese Regierungsagenturen haben sich zu den mit am besten bezahlten Institutionen der deutschen Gesellschaft herausgemacht.

Das hat Folgen: Diese Politik ist unbeweglich geworden. Alle, die an der Entwicklungspolitik mitarbeiten, haben ein schlechtes Gewissen. Die Tatsache, dass sie so viel verdienen, verändert das Bewusstsein. Eine Erkenntnis der Marxisten war schon richtig: Das Sein verändert das Bewusstsein. Das Geld, füge ich hinzu, noch mehr.

Deshalb gibt es auch im Irak (wie schon vorher in Afghanistan) keine Beherztheit. Alle fragen nach ihrer eigenen Sicherheit und sind doch so abgesichert, dass man sich schon fragt, ob das denn auch so abgesichert sein muss.

Dabei gäbe es – in Bagdad und in Basra, in Samarra und in Batufa – viele Möglichkeiten, etwas für die Iraker zu tun –

wenn man das will. Aber das muss man dann beherzt machen. Es gibt nichts Gutes, außer man tut es, sagt Kästner. Die gute Meinung reicht nicht aus, nicht allein die Resolution, nicht die Predigt, nicht der Leitartikel. Wir brauchen die Tapferkeit der Tat. Im Schweiße des Angesichts sollte man die Arbeit für die Habenichtse und Schmuddelkinder tun. Wenn man dieses Kriterium zugrundelegt, muss man angesichts der offen vor uns liegenden Friedensaufgaben deutlich das Versagen benennen. Und ich muss vom Versagen des deutschen Bundestags sprechen.

Im deutschen Parlament gibt es über 600 Abgeordnete, aber es braucht einen großen Entschluss, um einmal einen Besuch vor Ort in den armen Ländern der Dritten Welt zu machen. Abgeordnete schließen sich zu Delegationen zusammen und halten ihre privilegierte Würde hoch, statt sich vor Ort wirklich ein Bild von der Lage zu machen. Man muss einen Bericht über eine solche Reise einmal wirklich gelesen haben, um zu begreifen, worum es geht. Bei einer Reise der Abgeordnetengruppe unter der Leitung von MdB Tappe (SPD) nach Eritrea, Äthiopien und in den Sudan ging es in den Tagen vom 28. Juli bis 3. August 1999 ausschließlich darum, große Leute in der Regierung zu sprechen.

Ich zitiere – weil ich die Verhältnisse im Sudan aus eigener Erfahrung oben beschrieben habe – aus dem Protokoll der Abgeordnetengruppe über den Sudanbesuch:

„Die Delegation wurde bei ihren Gesprächen in Khartoum hochrangig wahrgenommen. Dabei fanden neben dem Treffen mit dem stellvertretenden Staatspräsidenten und dem Parlamentspräsidenten auch Treffen mit wichtigen Abgeordneten, Regierungsvertretern aus dem Bereich der Menschenrechte, den politischen Parteien und Vertretern der Opposition statt."

Den Abgeordneten war bei einer von der Regierung glänzend inszenierten Reise mit Flugzeug und Hubschrauber eine gut vorbereitete Nahrungsmittelverteilung vorgespielt worden. Im Protokoll heißt es dann: Die Delegation konnte „der

Verpackung der Hirsesäcke sowie der Beladung des Verkehrsflugzeugs beiwohnen".

Und weiter: Die Abgeordneten meines Parlaments waren dann auch bei dem islamischen Extremisten und Osama bin Laden-Freund Dr. Hassan Al Turabi eingeladen. Ich zitiere aus dem Bericht, der in den Archiven des Bundestages liegt: „Das Gespräch fand in aufgelockerter Athmosphäre in Turabis Haus statt. Er stellte sich keineswegs als der in der westlichen Welt bekannte islamische Extremist vor!"

Zwischenfrage: Wie stellt sich ein deutscher Bundestagsabgeordneter einen islamischen Extremisten vor? Als jemanden, der mit dem Dolch zwischen den Zähnen herumläuft und dem das Blut aus den Mundwinkeln trieft?

Das Programm des National Congress, also der Partei im Sudan, die für das Unglück der Menschen im Süd-Sudan und den Nuba-Bergen hauptverantwortlich ist, sei, so Dr. Turabi zu den beeindruckten Abgeordneten des Deutschen Bundestages, „islamisch beeinflusst, aber auch Christen seien Mitglieder und ihre Interessen würden genauso vertreten".

Diese „Information" wird von den hochrangig empfangenen Abgeordneten meines Parlaments beifällig und kopfnickend akzeptiert, und das geben diese Abgeordneten ihrem Auftraggeber, dem Bundestagspräsidenten, der die Reise bewilligt hat, nach Tische bei Dr. Hassan Turabi zu Protokoll.

Leider ist das geschilderte Beispiel keine Ausnahme. Die Delegationsreisen meiner gewählten Volksvertreter laufen so ab, dass der Abgeordnete möglichst keine Berührung mit der Realität hat. Er kommt direkt aus dem Flugzeug in die V.I.P. Lounge, wo ihm das Gepäck hingetragen wird, wo der zuständige Botschafter sich schon eingefunden hat und mit ihm das hochrangige Programm durchgeht, während jemand von der Entourage mit den Pässen weggeschickt wird, damit die abgestempelt wieder bei ihnen landen.

Nicht eine Sekunde möchte ich beim Leser den Eindruck erwecken, dass ich das einem gewählten Volksvertreter nicht gönne. Ich weiß auch, dass man viele Reisen mit diesen Privilegien machen muss. Aber in bestimmten Ländern darf man sich nicht so bewegen. Und: Von Zeit zu Zeit müsste ein Abgeordneter, damit er sich den normalen Mühen der Ebene von Normalverbrauchern nicht ganz entwöhnt, auch mal eine Reise als Normalsterblicher tun. Den Koffer selbst tragen, vierzig Minuten in der überhitzten Halle in Luanda stehen, bis man an einem der beiden Schalter drankommt, dann herausgehen und seinen Koffer aufmachen, um alles von einem bestechlichen Zollbeamten durchwühlen zu lassen.

Es hat – mit Ausnahme von Norbert Blüm – vom November 2001 bis zum Juli 2003 noch kein Abgeordneter des deutschen Bundestages Afghanistan besucht. Was?, werden viele aufheulen, Friedbert Pflüger, Heiner Geißler, Christa Nickels, Ruprecht Polenz, Heidemarie Wieczorek-Zeul! Ja, die waren alle bisher nur in Kabul. Und Kabul ist nicht Afghanistan.

Als ich selber im Februar 2003 nach Zimbabwe flog, war es klar, dass ich das mit einem Touristenvisum mache. Und ich hätte mir auch vorstellen können, dass sich zwei Abgeordnete nach Zimbabwe auf den Weg machen, inkognito das Land bereisen und danach auf die Pauke hauen.

Die CDU-Abgeordneten Arnold Vaatz und Markus Fischer sind auf mein wiederholtes Drängen dann tatsächlich bereit gewesen, sich auf eine Reise nach Zimbabwe zu begeben. Sie haben aber gleich zwei Fehler gemacht, die ihnen selbst nicht als solche erscheinen werden. Wobei sie das, was ich hier schreibe, nicht einmal als Vorwurf empfinden werden, sondern eher als die Unverschämtheit des Autors, der ihnen zumutet, ohne den Schutz und die Gnade des Auswärtigen Amtes dorthin zu fliegen.

Diese Abgeordneten sind gebucht für eine Reise nach Zimbabwe am 9. Juni. Nach drei Tagen soll es weitergehen nach Botswana, dann weiter nach Südafrika. Am 15. Juni wollen die MdBs wieder heimischen Boden betreten. Man erwägt sogar, noch einen Tag nach Mozambique zu fliegen.

Aber man will auch offiziell eingeladen werden. Und die Abgeordneten wollten hochrangig empfangen werden und hatten auf der Einladung des Parlamentspräsidenten von Zimbabwe bestanden. Also geschah, was geschehen musste: Am 8. Juni 2003 – also einen Tag vor Antritt der Reise – wird die Einladung vom Parlamentssprecher zurückgezogen. Die Abgeordneten kommen nicht.

Nun wäre freilich der Bischof Msgr. Pius Ncube in Zimbabwe noch dringlicher auf den Besuch dort angewiesen gewesen. Bei dem Gottesdienst am 6. Juni 2003 mit den Opfern der Gewaltherrschaft und der Wirtschaftskrise in Bulawayo wurden dreißig Leute vor dem Eingang zur Kathedrale verhaftet. Da wären meine Abgeordneten des Bundestages gefragt. Hier hätten sie eine dringliche Aufgabe. Hätten sie diesen Bischof besucht, hätten sie sogar einiges, was inzwischen passiert ist – Menschenrechtsverletzungen, Schläge auf den Hinterkopf und dass unbescholtene Bürger in Gefängnissen verschwinden – verhindern können.

Mein Bundestag ist ein lähmender und lahmender Verein geworden. Briefe an die Abgeordneten der Grünen-Fraktion erheischen oft nicht mal mehr eine Antwort. Ich habe Christa Nickels zu Afghanistan nach ihrer Reise 2002 geschrieben. Die Sekretärin schrieb mir fröhlich zurück, ich solle mich doch einfach mal melden, wenn ich in Berlin wäre. Claudia Roth – Menschenrechtsbeauftragte im Auswärtigen Amt – hat es gar nicht mehr nötig, einen Brief zu beantworten. Positive Beispiele verletzen diese Regel, sie bestätigen sie nicht. Diese Regierenden heben ab.

Im Irak war bis zum Juli 2003 noch kein deutscher Parlamentarier. Früher gab es einmal einen entwicklungspolitischen Sprecher der CDU/CSU-Fraktion, Jürgen Todenhöfer, der auf eigene Faust nach Afghanistan aufbrach. Oder den Innenminister von NRW, Hans Schnoor, der sich aufmachte und über die Türkei in das nordirakische Kurdistan ging. Auch er gegen alle Mahnungen des Auswärtigen Amtes, gegen den Rat der deutschen Botschaft vor Ort. Aber in den Tagen des drohenden Irakkonflikts waren nur zwei mutige Bundestagsabgeordnete im Irak: Peter Gauweiler und Willy Wimmer. Ein ganz schwaches Bild, wenn man bedenkt, dass ein Bundestagsabgeordneter mit seinem Diplomatenpass viel mehr Möglichkeiten hat und sogar Gegenden bereisen kann, in die ich mit meinem normalen Pass überhaupt nicht hineinkomme.

Ich finde die Haltung, die wir brauchen und die ich bei den Politikern vermisse, bei Nicht-Offiziellen, bei jungen Menschen. Bei Menschen wie Christoph Alexander etwa. Dieser, ein guter junger Architekt, hat „Architects for People in Need" gegründet und in Bagdad ein großes Netz aufgebaut. Leider ist er abhängig von Subventionen der Europäischen Union. Menschen wie er müssten von meiner Bevölkerung mehr unterstützt werden.

Die Hoffnung für die Politik in Deutschland und Europa liegt bei solchen jungen Menschen. Sie liegt auch und gerade bei den jungen Menschen, die auf die Straßen gegangen sind und gegen den Krieg demonstriert haben. Diese jungen Leute sollten ihr Engagement unbedingt fortsetzen. Es gibt Hunderte von Schulen, es gibt zahlreiche Fakultäten im Irak, die gern eine Verbindung und eine Partnerschaft mit einer deutschen Schule aufnehmen würden. Einen dieser jungen Iraker habe ich getroffen, in Bagdad, im Februar 2003, einen Monat vor dem Beginn des Krieges: Emad Mubarak. Ich habe mehrere Male mit ihm gesprochen. Der 28-jährige Germanistikstudent an dem College of Languages in Bagdad erzählt mir, dass er vor vier Jahren einmal in Basra in einem Theater am Ausgang die Ankündigung gelesen hat: „Heute spielen wir das Stück des deutschen Schriftstellers Wolfgang Borchert: *Draußen vor der Tür*". Das hatte ihn so elektrisiert, dass er abends in das Theater ging und sich das Stück ansah. In dem Gespräch, das wir verbotenerweise noch vor dem Sturz von Saddam Hussein geführt haben, sagte er mir: „Das war ein Theaterstück, das auf uns Iraker genau passte. Ich glaube, Wolfgang Borchert war ein Iraker!"

Es geht darum, dieses Gefühl des „Draußen-Seins" aufzuheben. Meine Gesellschaft möchte ich zu Taten auffordern, die den Menschen das Gefühl geben: Es geht nicht um die

Ausgrenzung des Islam oder gar um einen Kampf gegen den Islam. Der eine große Gott und Allah hat den einen den Islam, den anderen die Nachfolge Christi geschenkt. Beide, Muslime und Christen, sollten sich dabei verständigen: Alle Menschen auf dieser Erde verdienen den gleichen Respekt. Es geht darum, diese Gemeinsamkeit ernst zu nehmen. Friedensarbeit heißt, sich mit den Menschen in Not gemein zu machen, auch wenn sie uns mit schwierigeren Umständen konfrontieren. Das bedeutet: dass man bis zur Grenze auf die Lebensbedingungen eingeht und mit ihnen zusammenlebt.

Luxus-Hygiene und Elendsverhältnisse

Menschen, wie solche Friedensarbeit sie braucht, sind nicht leicht zu finden. Unsere Arbeit geschieht oft in ganz unerträglich dreckigen Interieurs. Wir waren jüngst in Afghanistan in ein Dorf der Pashtunen gekommen, wurden eingeladen in den großen Wohnraum eines Lehmhauses, auf dessen Boden ein ganz versiffter Teppich liegt. Der Herr des Hauses spuckt andauernd in seinen Spucknapf, und – nachdem ihm der irgendwie abhanden gekommen war – auf den Boden, wobei er den Teppichzipfel immer zur Seite zieht. Hygiene gibt es nicht. Keine WCs, nicht mal türkische, keine Latrinen, man scheißt in die Landschaft. Zum Mittagessen gibt es eine buttermilchartige Brühe, die von allen gemeinsam mit einem kleinen Schöpflöffel getrunken wird, zu einem Stück Brot und einem Stück Frischkäse.

Das alles ist ausgebreitet auf einem Tuch, das auch schon viele lange Tage benutzt wurde. Kurz: Das Leben mit den Habenichtsen und Schmuddelkindern erfordert eine große Disziplin und auch eine lockere Anpassung an andere Verhältnisse. Wobei dann die Beherztheit immer hilft, mit der man auf solche anderen Bedingungen in dem Bewusstsein trifft, dass wir uns in unseren ausgetrocknet sterilen Verhältnissen nicht gesünder verhalten und nicht gesünder leben.

Der Mitteleuropäer in uns verlangt gebieterisch sein Bett, seine vier Wände, seine Erholung am Abend, seinen 8-Stunden-Tag, sein Festnetztelefon, seine Abendnachrichten und am Abend sein Bier. Darauf zu verzichten ist eine wirkliche Herausforderung.

Ein Beispiel aus einem anderen Krisengebiet: Wir hatten in der allerschlimmsten Zeit der Kosovo-Fluchttragödie ein Flüchtlingslager in Kukes. Es war in den Tagen des April 1999. Die Kosovaren wurden seit dem Beginn der Nato-Luftangriffe mit Vehemenz und teuflischer Perfektion aus ihrem Land gejagt. Die Folge: in Kukes quollen die Straßen und Quartiere derart vor Menschen über, dass es lebensgefährlich schien.

Wir haben schließlich über 7900 Menschen in diesem Lager untergebracht, die Toiletten selbst gebaut, die Küche aufgebaut, die Waschkabinen. Alle waren zum Leben, Schlafen, Essen und Verweilen im Zelt verdammt. Einige Helfer natürlich auch. So dachten wir, die wir es organisierten. Die Helfer, die wir dann allerdings bekamen, beschwerten sich in den Medien, es gab offizielle Proteste.

Aber wir selber haben dort sechs Wochen gelebt und in den Lagerzelten geschlafen. Morgens konnte man sich kaum richtig waschen. Vor dem Nachbarzelt hatte eine Frühaufsteher-Familie immer schon gegen 6 Uhr morgens Kaffeewasser gekocht, von dem sie uns dann abgaben. Ich werde diese Zeit nie vergessen. Wir haben damals gespürt, wie wichtig es für Menschen in Not ist, dass man auch ihre Not teilt. Und mir ist klar geworden: Wir brauchen mehr Menschen, die sich darauf verstehen und einlassen, abseits der Tarifordnungen.

Die Grundsätze des Friedenscorps von John F. Kennedy haben mich dabei inspiriert. Aber auch Albert Camus – einer der mutigsten und ehrlichsten Schriftsteller unserer Zeit. Als es in Frankreich nach dem Ende des Zweiten Weltkrieges und dem Aufatmen, das durch unsere Gesellschaften ging, zu den ersten Veröffentlichungen über den grauenerregenden Gulag kam, das Zwangsarbeitersystem mit Millionen von Zwangsarbeitern in Arbeitsgefängnissen in der sibirischen

Eiswüste, da wollten linksgerichtete Schriftsteller wie Jean-Paul Sartre diese Berichte am liebsten nicht veröffentlichen. Sie fürchteten Beifall und Hohn auf der falschen Seite.

In dieser Situation ließ sich Albert Camus weder von dem Goldenen Kalb der Realpolitik noch von der Propaganda beeindrucken. Seine Überzeugung: Es rächt sich immer, wenn man die Wahrheit unterdrückt.

Der Impuls der Bibel ist für meine humanitäre Arbeit entscheidend. Camus hat uns kurz nach dem Kriege die zweite Bibel, das zweite Vademecum für die humanitäre Arbeit hinterlassen. Sein Roman „Die Pest“ enthüllt und beschreibt alle Probleme und Fallstricke der humanitären Arbeit.

Im Zentrum dieses Romans steht die Person des Arztes und Helfers Dr. Rieux. Unbeirrt versucht er, seinen Dienst an den Kranken, den Pest-Kranken zu tun, und wäre damit zufrieden, ein „Heiliger ohne Gott zu sein“.

In dem Journalisten Rambert beschreibt Camus die typisch windige und unzuverlässige Gestalt des Mundwerksburschen der Medien. Immer will der Journalist davonlaufen, weil er niemals gemeint ist und nur die Chronik schreiben und sich nicht anrühren lassen will.

Der Pater Paneloux, der Jesuit, spricht in seiner ersten Pestpredigt den alten Satz: „Meine Brüder ihr seid im Unglück, meine Brüder ihr habt es verdient.“ Aber er ist auch der einzige, der sich wegbewegt von seiner alten Form.

Dieser Camus ist mir zeitlebens wie ein Lehrer erschienen, der leider schon 1960 – viel zu früh – bei einem Autounfall ums Leben kam. In dem Mythos zum Sisyphos hat er uns das sympathische Bild des Humanitären gezeichnet, der nicht nach den Standards der ökonomischen „efficiency“ arbeitet, sondern nach ganz eigenen Gesetzen. Der Humanitäre muss die Wirksamkeit wollen, aber er hat sich immer wieder Misserfolgen und dem Scheitern zu stellen. Deshalb gilt für ihn: „Man muss sich Sisyphos glücklich vorstellen!“

Uns Deutschen ist von meinem Mentor Albert Camus schon einmal prophezeit worden, dass wir die Freiheit nicht lieben. „Ce peuple (allemand) n'aime pas la liberté!" „Das deutsche Volk liebt nicht die Freiheit!" Das hat mich schwer getroffen, als ich es zum ersten Mal las. Daraus wollte ich für mein ganzes Leben die andere Nutzanwendung ziehen.

„Denn Hitler hat nicht geschwiegen, weil er Unrecht hatte, sondern er hat geschwiegen, weil er verloren hat. Und indem er fortfuhr, sich mit dem Volk und der Nation zu identifizieren, die er mit Blut und Schande bedeckt hat, hat er sein Schweigen fortgesetzt – bis zum natürlichen Ende, das war sein Tod." Das hat der junge Albert Camus am 20. September 1944 prophetisch in der Widerstands-Untergrundzeitung Combat geschrieben. Als ich diese Worte zum ersten Mal las, wurde mir schlagartig klar: Wir müssen von unserer schrecklichen Verhaftetheit in die Ordnung, auch in die polizeiliche und die Protokoll-Ordnung wegkommen. Die vorhandenen staatlichen Strukturen und unser Wohlstand dürfen uns nicht ins Faulbett der Inaktivität locken. Die Probleme unserer Welt liegen auf der Hand, und die Zeit drängt.

Die Landminenkampagne

Die Abrüstung ist eines der Probleme, um das wir uns kümmern müssen. Es geht zum Beispiel darum, den Kampf gegen die Landminen zu einem Ende zu bringen. In Kanada wurde im Dezember 1997 etwas Entscheidendes begonnen. In Ottawa haben zwei glänzende Abrüstungsaußenminister, John Axworthy (Kanada) und Klaus Kinkel (Deutschland), gemeinsam den „Beginn des Endes einer ganzen Waffengattung" (John Axworthy) auf den Weg gebracht. In den Jahren danach haben 126 Staaten den Ottawa-Vertrag unterschrieben und sich verpflichtet, alle so genannten Anti-Personen-Minen zu vernichten und keine neuen mehr zu produzieren.

Nun hat sich aber herumgesprochen: Das wirkliche Ende des Endes aller Landminen wird erst mit dem Verbot und der Ächtung aller Landminen kommen, also auch der Anti-

Tank- oder -Fahrzeug-Landminen. Solange noch Minen – welcher Art auch immer – als heimtückische Mörder in den Böden der Welt liegen und weiter hineingelegt werden, ist immer noch Krieg. Der Nach-Krieg beginnt erst mit der totalen Ächtung und dem totalen Verbot der Produktion aller Landminen. Es geht also darum, die Landminen ganz aus der Welt zu bringen. Es wäre Zeit, dass die Deutschen noch einmal mit einer Initiative vorangehen.

Ich weiß, wovon ich rede. Helmien Hendrikse, eine Krankenschwester, war am 27. Juni 1991 auf eine Tank-Mine in Nordsomalia, 14 km außerhalb von Hargeisa, gefahren. Beide Beine wurden ihr bei der Explosion weggerissen. Wie wir später erfuhren, saß neben ihr in dem Auto die somalische Helferin Nimao Abdelkader; auch Nimao Abdelkader hat bis an ihr Lebensende keine Beine mehr.

Am 28. Juni werden die beiden von Hargeisa in Somalia nach Djibuti in das dortige Hospital gebracht, bevor die Rettungsflugwacht kommt. Erste grausame Nachricht: Helmien wird ein Fuß amputiert, der andere sowie die durch Splitterbeschuss beschädigten Unter- und Oberschenkel sind in schwerer Gefahr, weshalb die Ärzte zum Ausflug raten.

Die Rettungsflugwacht wird erst am nächsten Morgen (Freitag, den 29. Juni 1991) in Djibuti landen. Das Flugzeug bringt beide am Morgen des 29. Juni 1991 in das Münchener Krankenhaus rechts der Isar. Es kommt der nächste Anruf. Der zweite Fuß von Helmien Hedrikse ist doch nicht zu retten.

Doch ist das voreilig. Die Operation hat um 14.15 Uhr begonnen und dauert bis 19.30 Uhr. Danach bekommen wir den Anruf, der uns sagt: Der Fuß scheint nach dieser Operation gerettet, aber Helmien wird ihn nicht mehr bewegen können, da einige Sehnen nicht zu erhalten waren. Letztlich wird er Tage später dann doch amputiert.

Meine Gedanken sind immer noch voller Scham, wenn ich heute im Juni 2003 daran zurückdenke. Und mir klarmachen muss, dass junge und ältere Menschen und – herhören, Tierschützer – noch viel mehr Tiere, Schafe, Kühe, Elefanten – dabei draufgehen und verkrüppelt werden, auch in diesen Monaten und Tagen.

Die gesamte Auflistung der im Boden von Hargeisa und Umgebung liegenden Mordminen ergab eine Zahl von 48 010. Für die 33 geschlossenen Straßen innerhalb der Distrikte von Hargeisa wurden 717 Anti-Tank-Minen festgestellt.

Das Furchtbare, das ich immer noch klar weiß, ist Folgendes: Die Tatsache, dass da eine von unserem Fleisch und Blut, eine Weiße, eine Holländerin mit einem Pass aus Europa in diese unmittelbare Lebensgefahr gerät, lässt uns *alles* bis hin zu dem eigens gecharterten Rettungsflieger sofort in Bewegung setzen.

Als Humanitäre und Christen müssen wir uns aber fragen: Was machen wir mit denen, die nicht die richtige Hautfarbe und nicht den richtigen Pass haben?

Wenige Wochen vorher war ich bis zu Tränen gerührt, als ich drei junge Somalis erlebte, die am 22. Februar in das Hospital in Hargeisa eingeliefert wurden, blutüberströmt und bis zur Unkenntlichkeit entstellt. Der eine wunderschöne schlanke Somali-Junge, im Alter unserer eigenen Tochter Milena, hatte nur noch einen halben Kiefer, die andere Hälfte war wegexplodiert, er hatte fast nur noch einen halben Kopf, ein Teil der Eingeweide kam aus seinem Bauch, die Gehirnmasse quoll oben aus der Kopfkuppe heraus. Jeder, der diesen Kleinen in dem Group Hospital Hargeisa sah, wusste: Hier hat ärztliche Flickkunst ihr Ende.

Ich schrieb damals einen Brief an den damaligen Bundesaußenminister Genscher, der bis heute Gültigkeit hat.

An den Bundesaußenminister
Hans-Dietrich Genscher
Auswärtiges Amt
Adenauerallee 99
5300 Bonn 29.6.1991

Sehr geehrter Herr Minister Genscher,

jetzt ist etwas passiert, was uns in genau elf Jahren humanitärer Tätigkeit bisher wirklich erspart geblieben ist: eine Medizinerin ist in Somalia lebensgefährlich verletzt worden. Ich berichte Ihnen das in kurzen Strichen nur deshalb, weil ich Sie beschwören möchte, einen Vorschlag mit zu bedenken, den ich Ihnen wohlerwogen machen möchte.

Die Cap Anamur-Krankenschwester Helmien Hendrikse und die somalische Krankenschwester sind mit dem Wagen des Komitees am 27.6.1991 auf eine Mine gefahren. Beide haben sofort einen Transport mit einem UN-Flugzeug bekommen, weil sich zum Assessment wohl zufällig eine UN-Delegation in der Hauptstadt des Nordens, Hargeisa, aufhielt. Wir bekamen die Nachricht von der UNO in Nairobi und erfuhren dann im Laufe des Abends die Einzelheiten. Die beiden Krankenschwestern sahen furchtbar aus, weil ihre Beine von den Minen zerfetzt und zerschmettert waren. Die Füße wurden ihnen schon im Krankenhaus in Djibuti abgenommen, während die schwierige orthopädische Operation nur in München gemacht werden konnte. Die Frage, ob die Rettungsflugwacht nur die („versicherte") Not-Ärztin oder auch die Somali Nurse mitnehmen sollte, haben wir gemäß unserem humanitären Herzen entschieden: NATÜRLICH.

Lieber Herr Genscher, wir erleben überall in der Welt, dass mit solchen Anti-Personnel-Mines und Anti-Tank-Mines, mit Plastik- und Metall-Minen die Kriege nach Beendigung der reinen Kampfhandlungen gegen die jeweilige Zivilbevölkerung auf die grausamste Art fortgesetzt werden. Ob wir nun nach Kambodscha oder nach Afghanistan, ob nach Angola oder Mozambique, ob nach – nun auch Choman im Nord-

Irak oder nach Nord-Somalia schauen – überall sind diese mörderischen Waffen in den Boden gelegt worden, um potenziell ihre Mordarbeit irgendwann zu verrichten.

Ich habe mir von der kleinen somalischen Einheit die Statistik geben lassen, die schon an die 400 Minen aus dem Boden unter primitivsten Bedingungen mit Metallstäben freigelegt hat und in die freigelegten Minen hineinschießt, um sie zu entschärfen: Es liegen um Hargeisa an die 110 000 Minen.

Ich erbitte noch einmal Ihre Unterstützung für eine beherzte Aktion des Komitees, das aber mit Minenräum- und Minensuchgerät der Bundeswehr ausgerüstet werden muss und hier bei uns an solchen Geräten auch eigene Techniker ausbilden lassen kann.

Der zweite Vorschlag ist mir heute morgen – da die beiden Zerfetzten in fürchterlichem Zustand aus Djibuti hier ankommen und wir (meine Frau und ich) noch nicht wissen, wie wir den Eltern der blutjungen Krankenschwester unter die Augen treten können, die ihr freiwilliges Engagement mit dem lebenslangen Krüppeldasein bezahlt, bitter bezahlt – viel wichtiger.

Ich bitte Sie mit der ganzen kleinen Kraft der humanitären Überzeugung, in der EU, der OSZE und der UNO einen Vorschlag zur weltweiten Ächtung dieser spezifischen Waffe zu machen. Es müsste eigentlich ein Produktionsverbot ausgesprochen werden. Diese Waffe dient überall, wo sie eingesetzt wird, nachweislich in viel stärkerem Maße der Verletzung und Tötung, der Verstümmelung und Maltraitierung der Zivilbevölkerung, also der Nicht-Kombattanten, denn der Kombattanten. Ich habe mir sagen lassen, dass diese infamen kleinen handtellergroßen Anti-Personnel-Mines hauptsächlich aus chinesischer wie auch aus amerikanischer und italienischer Produktion sind. Es wäre das ein Vorstoß, der den Deutschen bei ihrer Profilierung als friedens-initiatives Volk ganz besonders gut anstehen würde. Es wäre natürlich wichtig, dass wir als Nation mit einem eigens bei uns durchgeführten Produktionsverbot beginnen würden.

An diesem Morgen herrscht bei uns und bei mir immer noch lähmendes Entsetzen darüber, dass wir verantwortlich sind dafür, dass einer Krankenschwester auf Grund meiner Empfehlung, nach Somalia zu gehen, zeit ihres Lebens die Beine fehlen werden. Hoc meminisse non iuvabit. Im Gegenteil. Helfen würde mir und meiner Frau, wenn wir wüssten, dass Sie sich zu einem solchen Vorschlag angesichts der Tausenden von Rollstuhlfahrern und Krüppeln, der Ein-Armigen und Ein-Beinigen entschließen würden.

Mit freundlichen Grüßen und der Bitte, die humanitäre Dringlichkeit bei den statistisch heute wieder drei Somalis ernst zu nehmen, die ins Krankenhaus Hargeisa kommen und eingeliefert werden, blutüberströmt, zerfetzt und durchschossen von solche Minen.

Ihr
(Rupert Neudeck)

Das Ergebnis dieses Briefs: Der Minister sagte zu, uns bei der Ächtung der Landminen (langfristig) und einem ersten präventiven Medizinprojekt, genannt Minenräumen (kurz- und mittelfristig) zu helfen: Nach schwerem Widerstreben seines Amtes, in dem mit hörbarem Missfallen moniert wurde, dass eine kleine Organisation für das Minenräumen tatsächlich schwere Waffen anforderte, nämlich die Minenräumpanzer – bekamen wir diese dann zugeteilt. Das Verteidigungsministerium spielte das Auswärtige Amt aus und umgekehrt, um beim Komitee Cap Anamur Eindruck zu schinden. Am Ende bekamen wir diese Minenräumpanzer, T-55–Panzer mit einer schweren Vorschlagrolle (KMT), die aus den alten Beständen der NVA noch in den Lagerhäusern von Storkow vermoderten. Allerdings in der kastrierten Form: Panzer, denen die Kanone abgesägt, die MG's abgeschweißt wurden, die weiß angestrichen und mit der Aufschrift „Medicos de Emergencia Alemaes“ versehen wurden: Deutsche Not-Ärzte e.V.

Die Killerminen sind ein bleibender Skandal bis heute. Die deutsche Bundesrepublik und der Bundeskanzler dürfen gar nicht mehr aufwachen (und auch nicht schlafen gehen), ohne von diesem Skandal der heimtückischen Minen zu erfahren. Es muss so quälend für die Regierenden werden, dass sie schon deshalb nach einer Lösung suchen, weil sie die Quälerei nicht aushalten.

Ich hoffe sehr, dass sich die jungen Menschen, die soviel zur Bewusstseinsbildung in den Demonstrationen gegen den Irak-Krieg beigetragen haben, die Landminenkampagne zu eigen machen. In jeder größeren Stadt und in jeder Gemeinde müssen sie mitmachen, damit wir alle für das Ende des Jahres 2004 das „Ende des Endes einer ganzen Waffengattung" erklären können.

In einigen Städten und Gemeinden gibt es besondere Anreize, Demonstrationen zu machen, um alle Landminen, auch die Fahrzeugminen aus der Welt zu bringen. Troisdorf z. B., wo Dynamit Nobel weiter die „Family of Mines" im Waffenkatalog anbietet. Ist eine Fahrzeug-Mine, bei der ein Bus mit 40 Kindern in die Luft geht, etwa keine Anti-Personen-Mine?

Es gibt noch viel zu tun. Fangen wir heute damit an.

Helfen hilft: Die Initiative der Grünhelme

Immer da, wo die offizielle Welt der Tarifordnungen und der Luxusgesellschaften, der Visa-Ordentlichkeit und des Diplomatie-Anstands uns sagen möchten, das da dürft ihr nicht tun, genau da braucht es neue Initiativen. Wir haben bei der Arbeit mit Cap Anamur (bis 2002) zu Lande, zu Wasser und in der Luft immer wieder die Erfahrung gemacht: Die wirklich handgreifliche und anstrengende humanitäre Arbeit beginnt erst da, wo sie dem ersten Anschein nach nicht möglich ist. Gründe, weshalb man nicht nach Tschetschenien und in den Irak, nach Afghanistan außerhalb von Kabul und nach

Zimbabwe, nach Venezuela und nach Kolumbien gehen soll, gibt es Tausende. Diese Gründe sind durchweg richtig gute Gründe. Und trotzdem müssen wir handeln.

Es geht darum, die Radikalität des Peace Corps von John F. Kennedy von 1962 wieder zu entdecken und die wichtigen Friedensaufgaben anzugehen, die vor unseren Augen liegen. Wir haben daher jetzt – nach fünfjähriger Planungszeit – eine neue Organisation gegründet, die auf vielen großen Feldern der deutschen Bundesrepublik mit allen jungen Menschen zu tun haben wird, die ihr Leben nicht vorübergehen lassen wollen, ohne einmal im Leben ein Risiko und Abenteuer erlebt zu haben: Die Grünhelme e.V.

Dahinter steht eine revolutionäre Grundidee: Wir wollen nicht mehr an der Arbeit für die Habenichtse in der Welt verdienen. Junge (und ältere) Bauhandwerker, Lehrer und Vertreter anderer Berufe sind bereit, für drei Monate ohne Anbindung an irgendeinen Luxus in eine Krisenregion zu gehen und dabei nichts zu verdienen. Wir wollen dabei das Maß der Bürokratie auf ein Minimum herunterschrauben und diese Arbeit ohne jedes Büro und möglichst mit einem oder maximal zwei Festangestellten machen. Die Grünhelme sind unbewaffnete Blauhelme. Sie setzen darauf, dass die Helme eine größere Disziplin fordern als sie Zivilisten sonst zukommt und ansteht. Und Grün ist die Farbe dieses Jahrhunderts. Grün ist die Farbe der Hoffnung, der Bäume, der Ökologie-Bewegung, Grün ist die Farbe der Muslime, der Partei der Grünen. Jeder kann sich seine Bedeutung herausgreifen aus den vielen Bedeutungsvarianten der grünen Farbe.

Die Grünhelme wollen den Dialog der Kulturen und der Religionen weiterbringen. Aber nicht mit gut dotierten und hoch versicherten theologischen und sonstigen Konferenzen und Seminaren, sondern mit der gemeinsamen Tat. Diese Taten müssen an den wirklichen Bedürfnissen der Menschen orientiert sein. Sie sollen den Aufbau einer Moschee beinhalten, wo sie denn für muslimische Gläubige nötig ist, und den Aufbau einer Kirche, wenn etwa in Dubai oder Oman oder in Ankara für philippinische Gastarbeiter am Sonntag ein Raum nötig ist, wo sie sich versammeln, um als Christen zu ihrem Gott zu beten.

Projekte in Afghanistan, in Bosnien und im Irak zielen auf den Aufbau von sozialen Infrastrukturen gerade dort, wo Menschen wegen ihrer Hautfarbe oder ihrer Religion vertrieben wurden und jetzt bereit sind zurückzukehren.

Ganz konkret: In Afghanistan werden die Grünhelme in der Provinz Herat für 900 Schülerinnen und Schüler in dem Dorf Totechi eine Schule aufbauen, die an die Stelle von Zelten treten soll. In Bosnien und Herzegowina soll eine Schule und die gesamte Infrastruktur für das Bergdorf Nurici und das danebenliegende Bergdorf Besici aufgebaut werden, wohin mutige und beherzte muslimisch-bosnische Flüchtlinge aus Tuzla zurückgekehrt sind. Der Platz liegt 15 km von dem Genozid-Ort Srebrenica, an dem 7 079 muslimische bosnische Männer vom 11. Juli bis 15. Juli 1995 auf bestialische Weise ermordet wurden. Und im schiitischen Slum-Squatter-Dorf Shishan ensteht die neue Schule, deren Plan am Ende unserer Oster-Reise nach Bagdad stand.

Josef Grundners Bericht nach seiner Rückkehr aus Bagdad, wo vier Mitglieder der Grünhelme beim Bau der Schule mitgewirkt hatten, klang trotz der politisch instabilen Lage zuversichtlich: „Neulich hat es in der Nacht bei einer Schießerei drei Tote gegeben. Das Ganze geschah zwei Straßen weiter. Aber unsere Bewohner von Shishan passen auf uns auf. Und trotz aller Unsicherheiten wird dieser Platz mitten unter den Menschen der beste sein. Allein das Zeichen, das wir dadurch geben, hat große Symbolkraft." Im Juni wollte ich selber wieder hinfahren und helfen.

Wie Freundschaft wächst

Bagdad sei wie in einem Belagerungszustand, und jeder Bundesbürger solle die Finger von einer Reise dorthin lassen. Der zuständige Abteilungsleiter im Berliner Auswärtigen Amt hatte mich wieder ordnungsgemäß gewarnt. Trotzdem reisten wir natürlich. Mit 813 Euro im Gepäck und 46 wunderschönen Kinderbildern, gemalt von den Schülerinnen und Schülern der Asselbach-Grundschule in meiner Heimatgemeinde Troisdorf (zwischen Köln und Bonn).

Am 21. Juni kamen wir wieder in Shishan an, dieser kleinen Ortschaft mit den 19 000 Einwohnern am äußersten nördlichen Rand von Bagdad, noch jenseits der großen 3 Mio. Schiiten Stadt Saddam City, wo wir über Ostern zum ersten Mal gewesen waren. Hier, wo der Müll inzwischen nur noch in den See gepackt wird und in der Nacht riesengroße Scheiterhaufen von Kriegsmüll verbrannt werden, wo die Kloaken durch die Wege des Dorfes führen und ein aufreizender Gestank in der Luft liegt, haben die Grünhelme an ihrer ersten Schule weitergearbeitet, zweistöckig, für 2 320 Schüler, die unter Saddam Hussein nie eine Schule hatten.

Das Fundament ist inzwischen fertig gemauert. In diesen Tagen streichen wir zweimal, manchmal dreimal den Teer zur Isolierung auf die Fundamentwände. Es ist anstrengend, weil die Temperaturen in den Monaten von Juni bis August auf 45 Grad Celsius im Schatten klettern. An manchem Abend wissen wir Westeuropäer nicht, wie wir die Gluthitze aus den Hosen und Hemden bekommen.

Wir wohnen mitten in der Müll-Ortschaft. In einem Häuschen, in dem ein einziger Raum wenigstens so gekalkt wurde, dass man sich dort in den Schlafsäcken auf dem Boden ausstrecken kann. Meistens ist es nachts aber so heiß, dass wir alle Mann hoch auf das Dach steigen. Dort ist die Bitumenschicht allerdings so aufgeweicht, dass wir Stroh streuen müssen, damit wir uns mit unseren Schlafsäcken überhaupt hinlegen können.

Als in Shishan am 10. Juni zum ersten Mal die amerikanischen GIs in zwei dicken Humwees vorbeikamen und mit dem Imam Scheich Salim, dessen Stellvertreter, dem klugen Ahmed und einigen Honoratioren des Dorfes sprachen, fragten sie:

„Wer arbeitet denn da nebenan?“

„Die Deutschen“, antwortete die Dorfleitung von Shishan stolz.

„Warum wissen wir denn nichts davon? Warum haben die sich nicht erst bei uns gemeldet?“

Da lächelten der Imam und die Dorfältesten nur in sich hinein. Die Deutschen waren zuerst zu ihnen und nicht zu der Besatzungsmacht gekommen. Sie hatten mit dem Bau auch einfach angefangen, den ersten Beton und Kies eingekauft, und jetzt auch die ersten 4000 Ziegel, damit die Wände gemauert werden können.

„Ihre Deutschen“, sagen mir Bewohner von Shishan, „leben hier sicher wie in Abrahams Schoß.“ Das Auto der Grünhelme wird am Abend auf den Hof der kleinen Behelfsmedresse und der Behelfsmoschee gestellt. Man schätzt die alte Freundschaft der Iraker und der Deutschen. Wir bekommen sogar einen Germanistik-Studenten als Dolmetscher. Er ist eigens aus dem Süden zu seinen Verwandten nach Shishan gekommen, weil er gehört hatte: Die Deutschen sind da.

Um die zwei Straßenecken haben Ärzte einer belgischen Organisation eine Klinik ausgebaut, mit zwei Fahnen geschmückt und einem Generator ausgestattet. Aber die Mitarbeiter kommen morgens aus einem schönen Haus in Bagdad und wühlen sich eine Stunde, oft anderthalb Stunden durch das Verkehrsgewühl der Großstadt. Zwischen 8.30 und 9 Uhr sind sie da. Um 14 Uhr machen sie sich pünktlich wieder auf den Rückweg. Das ist für die Bewohner von Shishan nur die halbe Miete. Was sie schätzen: Diese Deutschen leben *mit* den Irakern.

Der Dolmetscher Mohammet liebt Heinrich Heine und Goethes Gedichte aus dem „West-Östlichen Divan“. Immer wieder rezitiert er das wunderbare Gedicht „Der Asra“ von Heine, das von dem jungen schönen Sklaven aus dem Jemen erzählt und der noch schöneren Sultanstochter, die nicht zueinander kommen können. Dann aber stellt die von Liebe entflammte Sultanstochter an einem Abend den Sklaven.

„Deinen Namen will ich wissen,
Deine Heimat, deine Sippschaft!
Und der Sklave sprach: Ich heiße
Mohammet, ich bin aus Yemmen.
Und mein Stamm sind jene Asra,
Welche sterben, wenn sie lieben!“

Die Grünhelme möchten in Sishan noch einen Fußballplatz und einen Kindergarten bauen und einen Brunnen bohren. Am besten wäre der Aufbau eines Berufsschulzentrums, hier, aber auch im Norden des Irak. Dazu aber wird man die Zustimmung der deutschen Bundesregierung und der US-Amerikaner brauchen.

Am letzten Abend vor meiner Abreise nach Deutschland besucht uns der eindrucksvolle Imam in unserer Bruchbude. 1984 hatte man ihn zu 12 Jahren Kerker verurteilt und 1991 freigelassen, erfahren wir. Warum? Weil er Schiit war, der aus seinen Überzeugungen kein Hehl gemacht hatte. Er bitte um Hilfe für seine „Kirche“, sagt er, nicht untaktisch. Zwanzig Jahre durfte in diesem schiitischen Dorf keine Moschee gebaut werden. „Die Christen“, sagt der Imam Scheich Salim, „sind uns ganz nah.“ Und: „Die Deutschen sollten nicht alle Muslime für Extremisten halten.“

Alle Bilder, die die deutschen Schülerinnen und Schüler der Grundschule in Troisdorf gemalt hatten, hängen inzwischen an den Wänden im Rund der provisorischen Medresse in Shishan. Nur während eines aufziehenden Sandsturms waren sie abgehängt worden. Gerade über diese Bilder haben sich die Menschen hier sehr gefreut, Erwachsene und Kinder. Die deutschen Schülerinnen und Schüler hatten an einem Wochenende für 30 Cents Blumen verkauft und damit tatsächlich 813 Euro gesammelt.

So wächst Völkerfreundschaft in dürftiger Zeit.

Tun, was Sinn macht

Ohne Zuversicht können wir nicht leben. Unsere Welt scheint zwar aufzugehen in ratings, in Quoten, in Steigerungsraten des Bruttosozialprodukts. Aber die Welt kann sich nicht allein in online-banking, in den Aktien-Anteilen und dem Interesse am Dow-Jones-Index erschöpfen. Wir brauchen mehr.

Und wir müssen wieder den Blick dafür freihalten, dass die Geschichte für uns Menschen auch heute Überraschungen bereithält.

Prognosen sind nicht möglich. Und doch ist Zuversicht angesagt.

Es gibt einen Aphorismus von Blaise Pascal, der den Grund meiner Zuversicht formuliert. Er wurde 1670 niedergeschrieben und lautet so:

„Wenn einer die Freundschaft des Königs von England gehabt hätte und die des Königs von Polen und auch noch die Freundschaft der Königin von Schweden – wäre er dann wohl auf den Gedanken gekommen, es fehle ihm an einer Zuflucht in der Welt?"

Man muss dazu einfach wissen, in welcher Situation dieser „Gedanke" (Pensée) von Pascal notiert wurde: Im Jahr 1668 war der polnische König Johann II. Kasimir abgesetzt worden. Königin Christine von Schweden hatte 1654 als Achtundzwanzigjährige aus freiem Entschluss die Krone niedergelegt. Und den König von England, Karl I., hatte Oliver Cromwell 1649 umbringen lassen.

Es gab keine Zuflucht mehr in der Welt für den, der sich auf ihre Freundschaft verlassen hätte! So gilt es auch heute: Wie viele haben nicht auf die Freundschaft eines Jassir Arafat in Palästina, oder auf die des Saddam Hussein in Bagdad große Stücke gehalten? Wie viele berufen sich noch heute in Kinshasa auf die Freundschaft des Robert Mugabe und ahnen nicht, dass ihn das Volk schon längst abgeschrieben hat?

Auch die Stunden von Birmas Militärdiktator sind gezählt. Nordkoreas Diktator Kim Jong Il. wird sich auf Dauer nicht halten können. Irgendwann kommt bei den mächtigsten Tyrannen der Welt der Moment des Ablebens: entweder wie bei Josef Wissarionowitsch Stalin der natürliche Tod oder wie bei dem Tyrannen Nikolai Ceaucescu die Exekution.

Bertolt Brecht hat es in seinem „Lied von der Moldau" beschrieben:

> „Es wechseln die Zeiten. Die riesigen Pläne
> Der Mächtigen kommen am Ende zum Halt.
> Und gehn sie einher auch wie blutige Hähne
> Es wechseln die Zeiten, da hilft kein Gewalt"

Die Zuversicht, dass die Zeiten wechseln, beflügelt die Menschen – nach den großen Zusammenbrüchen und den Kriegen. Nur in einem Klima der Zuversicht können wir etwas bewirken. Man kann dieses Klima auch das Klima der Hoffnung nennen. Keiner hat es besser formuliert als Vaclav Havel: „Hoffnung ist eben nicht Optimismus. Es ist nicht die Überzeugung, dass etwas gut ausgeht, sondern die Gewissheit, dass etwas Sinn macht ohne Rücksicht darauf, wie es ausgeht."

Ideen sind eine Macht. Macht ohne Moral ist tödlich

Woran sich Politik orientieren sollte

von Norbert Blüm

Aus dem Traum gerissen

Eine Epoche geht zu Ende. Der Ost-West-Gegensatz, der die Welt für Jahrzehnte in Schach hielt, ist zusammengebrochen. Doch die Rückkehr zur alten nationalstaatlichen Ordnung ist versperrt. Restauration hat keine Zukunft. Die Globalisierung untergräbt die Souveränität der etablierten Staatenwelt. Finanzströme umkreisen auf der globalen Datenautobahn den Erdball schneller, als je ein Finanzminister folgen kann. Die Welt wurde noch nie so sehr von Überflutung durch Wirtschaft und Finanzen bestimmt. Nationalstaaten verlieren ihre Ordnungskraft. Die Gesellschaft wird verwirtschaftet.

Ist Europa nicht mehr als nur ein „Euro-Land"? Hat Europa keinen anderen Exportschlager in den internationalen Wettbewerb einzubringen als die Spitzenprodukte seiner Wirtschaft? Steht das alte Europa nicht vielmehr auch für die uralte Suche nach dem Sein, Sinn und Wesen des Menschen? Die Sehnsucht nach einer Ordnung, die nicht in Sozialproduktzahlen gemessen wird, wächst.

Die Frage, die sich heute freilich aufdrängt: Ist Ordnung nur eine Frage der Macht und bestimmt allein der Stärkere, was gemacht wird?

Wir befinden uns in einem Zustand der allgemeinen Ratlosigkeit und kompensieren unsere Verlegenheit durch beschleunigte Veränderung. Unsere Erwartung erinnert an jenen Frosch, der in einen Milcheimer gefallen ist und sich zu retten versucht, indem er anfängt zu strampeln, – in der Hoffnung, die Milch werde irgendwann zu Butter gerinnen.

Der 11. September 2001 hat uns aus dem Traum gerissen, dass die Maxime: „Schneller – höher – weiter“ uns festen Boden unter den Füßen verschaffen werde – wie dem Frosch die Butter.

Veränderung ist das Goldene Kalb, um welches die moderne Welt tanzt. „Rasender Stillstand“ hat das Paul Virilio genannt.

Veränderung als Maxime?

In der 11. These über Feuerbach hat Karl Marx seine abgrundtiefe Verachtung für eine philosophische Theorie geäußert, die nicht der praktischen Veränderung dient. „Die Philosophen haben die Welt nur verschieden interpretiert; es kömmt darauf an, sie zu verändern.“

Wirklichkeit war für Karl Marx Veränderung, und nur was sich verändert, ist wirklich. Erst im Zustand der klassenlosen Gesellschaft kommt die Geschichte zu Ende und die Gesellschaft zur Ruhe des Friedens. Die „tranquilitas ordinis“, die Augustinus der civitas Dei vorbehielt, holt Karl Marx auf die Erde und erklärt sie zum Ziel der Geschichte. Bis dahin aber gilt Umsturz als permanente Veränderung. Klassenlose Gesellschaft ist die marxistische Eschatologie und die Weltrevolution der Erlöser.

Selbst der Todfeind des Marxismus, der Kapitalismus, findet erstaunlicherweise noch versteckten Respekt in den Augen von Karl Marx, weil er der große Veränderer ist, der alte Ordnungen zerstört und die Geschichte vorwärts treibt. Geradezu hymnisch beschreibt Marx im Kommunistischen Manifest die Kraft der Umwälzung, zu welcher der Kapitalismus fähig ist; Altes wird zerstört und Neues geschaffen.

„Die Bourgeoisie hat in ihrer kaum hundertjährigen Klassenherrschaft massenhaftere und kolossalere Produktivkräfte geschaffen als die vergangenen Generationen zusammen. Unterjochung der Naturkräfte, Maschinerie, Anwendung der

Chemie auf Industrie und Ackerbau, Dampfschifffahrt, Eisenbahnen, elektrische Telegrafen, Urbarmachung ganzer Weltteile, Schiffbarmachung der Flüsse, ganze aus dem Boden hervorgestampfte Bevölkerungen – welches frühere Jahrhundert ahnte, dass solche Produktivkräfte im Schoße der gesellschaftlichen Arbeit schlummerten?"

Die Bewunderung der kapitalistischen Produktivkräfte hätte selbst der Bundesvorstand der Deutschen Industrie nicht besser formulieren können als Karl Marx in seiner Kampfschrift. Und hätte Karl Marx schon etwas gewusst von der Atomkraft, von der Weltraumfahrt oder gar von den Chancen der Gen-Manipulation, er hätte wahrscheinlich noch einen Komponisten gesucht, der seine Hymne an die revolutionäre Kraft des Kapitalismus vertont. Das „Neue" ist der Gott von Sozialismus und Kapitalismus.

Vielleicht ist jedoch nicht alles, was alt ist, schlecht, nur weil es alt ist. Und vielleicht ist nicht alles Neue gut, nur weil es neu ist. Vielleicht sind im Alten manche Konstanten erhalten, die es der Humanität wegen zu bewahren gilt. Humaner Wandel ist immer eine Mischung von Erhalten und Verändern. Aufgeklärter Konservatismus entpuppt sich unerwartet als progressiv.

Der Mensch kommt in der Marxschen Futurologie bestenfalls als Gattungswesen vor, das an der Leine des Hegelschen Weltgeistes – den Marx lediglich vom Kopf auf die Füße gestellt, also materialisiert hat – seine dialektisch vorgeschriebenen Schritte exerziert.

Der Glaube an die revolutionäre Kraft der Produktivkräfte, die lediglich von den Fesseln der sie hindernden Produktionsverhältnisse befreit werden müssen, ist offenbar seit der Geburt der Marx'schen Prophetie nicht schwächer geworden, sondern feiert im Gewande neoliberaler Politik eine Wiedergeburt. Die sozialistischen Produktionsverhältnisse sind zwar gesprengt, aber die Global Player sind zwischenzeitlich an dem Punkt angekommen, an dem die Produktivkraft pur, also ohne alle Rücksicht auf Produktionsverhältnisse, verehrt wird. „Hauptsache neu – egal wie, wozu und warum" ist das Signum unser Zeit.

Die Geschichte entpuppt sich als Maskenball. Alte ideologische Ladenhüter werden als bahnbrechende Neuheit kostümiert.

Veränderung – wohin und wozu?

Globalisierung ist der große Veränderer der Menschheit. Staat, Kulturen und Religion werden global untergepflügt, auf dass die Wirtschaftskraft sich ungehemmt entfalten kann. Das ist die Utopie einer neuen klassenlosen Gesellschaft, auf dass die Geschichte endlich an ihr Ziel gelange. Basta!

Doch das Spiel des verwirtschaftlichten Weltgeistes hat die Erde nicht in einen neuen Himmel, sondern eher in eine neue Hölle verwandelt. Der Abstand zwischen den Elendsmassen und den Reichtumseliten wächst. 20 % der Erdbevölkerung beschlagnahmen für sich 84 % der Nahrungsmittel, und die ärmsten 20 % werden mit 1,5 % abgespeist. Täglich „verrecken" 100000 Menschen, weil sie nichts zu Essen haben. Alle 7 Sekunden stirbt ein Kind an Unterernährung. Die 348 reichsten Familien der Welt besitzen so viel wie 2,6 Milliarden Menschen in den Armutszonen der Erde.

Die dialektische Kraft der Veränderung, von der Hegel schwärmte und auf die Karl Marx alle seine Hoffnungen setzte, entpuppt sich nicht als Auszug ins Gelobte Land der Freiheit, sondern als Todesspirale in die Hölle von Elend und Unterdrückung. Der globale Abstand zwischen Reichtum und Elend wächst.

In 98 Ländern der Erde sind die Einkommen heute niedriger als vor 10 Jahren. In Afrika konsumiert der durchschnittliche Haushalt heute 20 % weniger als vor 25 Jahren. 1970 übertraf der Wohlstand der oberen 15 % der Erdbevölkerung den der ärmeren 15 % um das 40fache. Jetzt sind wir beim 170fachen angekommen. Die Kluft vergrößert sich weiter. Viele Länder der Erde befinden sich in einem ökonomischen Absturz. Rifkin schätzt die Zahl der dort lebenden Menschen auf 1,5 Milliarden. Auf den Trümmern des Sozialismus und Kapitalismus entstand kein Wohlstand, sondern Hunger und Verzweiflung.

Getrieben von der Maxime „Veränderung" ist uns die Frage abhanden gekommen: „Wohin und wozu?" Das Neue ist noch keine Zielangabe und der Himmel auf Erden eine vage Utopie und noch nicht einmal eine gute. Denn alle, die im Verlauf der Geschichte hier auf Erden endgültige Ziele angestrebt haben, waren auch leicht bei der Hand, Gewalt einzusetzen gegenüber denjenigen, die das Glück „noch" nicht begreifen wollten. Mit „Endlösungen" hat die Menschheit jedoch schlechte Erfahrungen gemacht. Die Idee vom absoluten Glück ist eine Zwangsvorstellung. Dennoch kaprizieren sich alle Hoffnungen auf Neues, das das Endgültige befördern soll. Wandel wird zum Selbstzweck. Eine neue päpstliche Sozialenzyklopädie könnte – wie jene, die vor über 100 Jahren von Leo XIII. verkündet wurde – mit der Zeitdiagnose eingeleitet werden: „Rerum novarum cupidus."

Es bestreitet niemand, dass Veränderung her muss, wenn Besserung sein soll. Neu ist jedoch keine Zielangabe. Das Neue steht unter der Beweislast, dass es besser sein muss als das Alte. Veränderung um der Veränderung willen ist ein Mittel, das sich zum Selbstzweck erhoben hat.

Die Kreisbewegung ist richtungslos. Auf der Stelle treten ist noch kein Fortschritt. Ein festgefahrenes Rad kommt nicht durch Beschleunigung aus dem Sand. Auch Sisyphos bewegte etwas. Aber sein Felsbrocken landete immer wieder im Tal. Der Hase rannte sich zu Tode, weil der Igel immer schon am Furchenende saß. Und so hetzen die Neuerer hin und her, von Ziel zu Ziel, und am Ende sitzt dort nur der alte Mensch – wie er ist.

Eine politisch brisamte Frage: Was ist der Mensch?

Es muss etwas geschehen! Aber was? In der „Neuen Unübersichtlichkeit" (Jürgen Habermas) verschwindet der Zielhorizont. Man sieht vor lauter Bäumen den Wald nicht mehr. Mein alter Vater empfahl für turbulente Situationen ein einfaches Rezept: „Ruhig bleiben!" Auf diese einfache Maxime war er nicht durch philosophische Reflexionen gekommen, sondern aufgrund einer Lebenserfahrung, die er in vielen Turbulenzen einschließlich seiner Kriegserlebnisse gewonnen hatte. Besinnung braucht Ruhe. „Kommt Zeit, kommt Rat" hat der alte Volksmund diese Erfahrung in Worte gebracht. Doch wir haben keine Zeit mehr. Sie ist dem Tempo zum Opfer gefallen. Vielleicht sind die Langsamen die Klügeren. Einstein jedenfalls beschrieb sich als langsamen Denker. Auch der kluge Sokrates hatte viel Zeit für seine Fragen. Schnelle Antworten waren nicht seine Stärke. Sokrates wäre ein Blindgänger im Internet.

Besinnung ist eine Fähigkeit, zu der nur Menschen fähig sind. Nur der Mensch ist zur Reflexion begabt, in der er sich gleichsam von außen betrachten kann. Es gibt offenbar Fragen, die den Menschen begleiten, solange er lebt und solange es Menschen gibt. „Was bin ich?" ist eine Frage, die nicht nur den Stoff für Fernsehunterhaltung liefert.

Wahrscheinlich quälte diese Urfrage schon die Bewohner des Neandertales. Die Besinnung auf Besseres, als dem Tier gleich zu leben, war der Funke, mit dem die Menschen sich aufmachten, das Feuer zu beherrschen und das Rad zu erfinden. Ohne dass die Menschen geahnt hätten, dass sie doch etwas anderes seien als die Tiere, würden sie nie ihre Toten bestattet und für eine Weiterreise ins Jenseits ausgestattet haben. Kein Tier denkt an so etwas. Ohne die Urfrage nach seiner Eigenart hätte sich der Mensch nicht von dem Naturreich entfernt und nie das Reich seiner Freiheit erobert.

Der Mensch ist das schwächste unter allen Tieren. Kein Instinkt sichert sein Verhalten. Er kommt zu früh zur Welt, und was ihm die Natur vorenthielt, musste er sich selber beschaffen. Indem er seinen angeborenen Instinkt-Mangel durch erworbene kulturelle Fähigkeiten kompensierte, sicherte er sein Überleben. Die Kultur wurde zu seiner zweiten selbstgeschaffenen Natur. Die Schwäche wandelte sich so in Stärke um. Die Fähigkeit zur Kompensation seiner animalischen Schwächen mit Hilfe seiner Verstandeskräfte erlaubte ihm, unter allen auf Erden denkbaren Lebensbedingungen zu existieren, in der glühenden Sonne der Sahara ebenso wie in den Eiswüsten Grönlands. Und jetzt richten sich die Menschen sogar darauf ein, den Weltraum als Lebensraum für sich zu erobern. Der Mensch ist das anpassungsfähigste Tier, weil er Anpassung nicht passiv hinnimmt, sondern in Aktivität umwandelt. Kein Tier macht ihm das nach.

Was ist er also, der Mensch? Diese Frage ist zwar keine abendländische Exklusivität, aber eine abendländische Spezialität. Und die Antwort ist von höchster politischer Brisanz.

Ist der Mensch ein Selbstgeschöpf, das „freigelassene Tier" (Nietzsche), nur noch getrieben vom „Willen zur Macht"? Ist der Mensch Herr seiner selbst, der machen kann, was er will? Oder ist der Mensch ein Kind Gottes, der ihn nach seinem Bild erschaffen hat? Ist das Menschenbild theonom oder autonom? Von der Antwort auf diese grundsätzlichen Fragen hängt für die konkrete Politik viel ab. Denn das Verhältnis von Freiheit und Verantwortung wird von dieser Elementarfrage der Politik bestimmt. Wenn Freiheit nichts anderes wäre als hemmungslose Wahlfreiheit, wäre der Idiot der freieste Mensch. Er kennt nur Optionen ohne Obligationen.

Ist der Mensch ein zoon politikon, also gemeinschaftsfähig, -bedürftig und -pflichtig, wie Aristoteles meinte, oder ist der Mensch dem Menschen ein Wolf (homo homini lupus), wie Hobbes annahm?

Die Antwort auf die Frage, was der Mensch sei, ist die Grundfrage jeder Philosophie, und jedwede Politologie ist nur eine Schlussfolgerung aus der philosophischen Urfrage. Politik, die sich der Frage nach dem Wesen des Menschen entzieht, wird leicht ideologisch, weil sie ihr Subjekt ausklammert und an seine Stelle ein anonymes Ideengebäude stellt, in dem sich leicht nicht rechtfertigungsfähige Interessen verstecken lassen.

Ob Freiheit oder Zwang das Mittel zur Vollendung des Menschseins sind, lässt sich ohne anthropologische Vorklärungen sinnvollerweise nicht beantworten. Zwischen Krieg und Frieden, Reichtum und Elend hin- und hergeworfen, von Interessen und wechselnden Absichten geschüttelt, verliert Politik jede Berechenbarkeit, wenn sie darauf verzichtet, am Menschen, wie er ist und wie er sein soll, Maß zu nehmen. Als Management der Macht wird Politik beliebig. Politik ohne Philosophie, also ohne Weisheitsliebe, ist zerstörerisch.

Aus der langen Kette der politischen Philosophen möchte ich zwei herausgreifen, von denen ich vermute, dass ihre „alten“ Antworten Nachhilfe für „neue“ Fragen geben: Aristoteles und Hobbes, – „zwischendurch“ will ich noch auf die christliche Soziallehre hinweisen.

Der Mensch – angewiesen auf Politik

Im Mittelpunkt der aristotelischen Politik steht die Eudaimonie, das Glück. Der Mensch strebt nach Glückseligkeit. Die Eudaimonie ist jedoch kein Programm der puren Lustmaximierung, sondern strebt nach dem Glück der Vollendung. Glück begreift Aristoteles als „das Tätigsein der Seele im Sinne ihrer wesenhaften Tüchtigkeit“ (Nikomachische Ethik). Vollendung zielt auf die Erfüllung des Wesens jeder Sache. Ein Baum kann ein Baum werden oder verkrüppeln. Ein Mensch kann ein Mensch werden oder sein Wesen verpassen. Der Mensch wird nicht von der Natur zur Erfüllung seines Wesens getrieben. Er muss mit Willen und Verstand erstreben, was er sein soll. Der Mensch ist und wird Mensch, er hat Leben und führt sein Leben. Der Mensch ist in seinem Werden auf ein Ziel ausgerichtet. Er kann es erreichen oder verfehlen. Darin besteht die Würde seiner Freiheit.

Anders als der Baum bestimmt der Mensch also mit, ob er verkrüppelt oder zu seiner Vollendung gelangt. Und anders als Gott ist er nicht voraussetzungslos. Er bestimmt nicht allein, was er wird. Sein Leben ist kontingent. Zwischen Geburt und Tod – vita brevis – erfährt er Abhängigkeiten und Zufälligkeiten. Seine Vollendung ist sowohl selbst- als auch fremdbestimmt. Er ist frei und unabhängig. Wäre er alleinbestimmt, könnte er auf Politik verzichten. Der Mensch ist jedoch von Natur aus auf Politik angewiesen, weil er von seinem Wesen her auf Ergänzung angelegt ist. Gott sah, dass es nicht gut war, als Adam allein lebte.

Mit Überschreitung der Sippengrenzen wurde Politik lebenswichtig. Damit erweiterte der Mensch den Radius seiner Kompetenz. Sein Leben wurde politisch. Politik ist der Versuch, die sozialen Bedingungen des menschlichen Lebens zu bestimmen. Sie ist das schwierige Projekt der Mitbestimmung der Fremdbestimmung.

Individual- und Sozialwesen

Die Natur des Menschen ist zwiespältig. Er ist sowohl Individualwesen als auch Sozialwesen. Gerechtigkeit ist sowohl personale Tugend wie soziales Prinzip. Dabei ist der Mensch nicht primär individuell und sekundär sozial oder umgekehrt. Er ist immer beides zugleich. Insofern sind tugendsames Leben und politische Strukturen, die dies ermöglichen, die zwei Seiten eines gelungenen Lebens. Es geht um ein glückliches Leben in einer gelungenen Gesellschaft. Adornos Diktum, dass kein richtiges Leben in der falschen Gesellschaft möglich sei, lässt sich in der aristotelischen Betrachtungsweise ebenso umkehren: Es gibt keine richtige Gesellschaft mit falschen Menschen.

An der aristotelischen Grundeinsicht gabeln sich die neuzeitlichen Sozialideologien des Kapitalismus und des Kommunismus. Für die einen ist der Mensch individualer Natur und sonst nichts, für die anderen ist er sozialer Natur und sonst nichts.

Liberalismus und Sozialismus

Der Angelpunkt des Liberalismus ist der Einzelne. Um ihn dreht sich alles. Ihn, den Einzelnen, von allen Fesseln und Hemmungen zu befreien, ist das höchste Ziel der Politik. Adam Smith, der Urvater der Marktwirtschaft, erwartete von der entfesselten Wirtschaft den „Wohlstand der Nationen". Aus der Verfolgung des wohlverstandenen Selbstinteresses ergäbe sich die Harmonie der Gesamtinteressen, war seine Behauptung. Ganz allerdings vertraute der gelernte Moralphilosoph Smith dennoch nicht der Urkraft des Egoismus. In seiner „Theorie der ethischen Gefühle" gab er immerhin dem Mitgefühl die Aufgabe, den Egoismus zu zügeln. Der Philosoph Ernst Tugendhat erklärt das „affektive Mitschwingen" zur ethischen Kategorie, ohne die Menschen zu Autisten verkommen. Der Kapitalismus ist eine autistische Gesellschaftsordnung.

Gerechtigkeit soll nach altliberaler Lesart, der viele Neuliberale folgen, das Ergebnis des freien Spiels der Kräfte sein. Für die Wunden ist die Barmherzigkeit zuständig: So ähnlich stellen sich manche alte und neue Liberale auch heute noch das Verhältnis von Marktwirtschaft und Sozialpolitik vor. Die Sozialpolitik ist demnach der Lazarettwagen, der hinter der wirtschaftlichen Entwicklung herfährt und die Fußkranken aufliest. Das ist so ungefähr die Vorstellung des Bundesverbandes der Deutschen Industrie. Sozialpolitik ist danach lediglich kompensativ, also eine abhängige Variable der Wirtschaftspolitik. Ein Ministerium, in dessen Amtsbezeichnung das Wort „Sozialordnung" vorkommt, wie im „alten" Arbeitsministerium, gibt es nicht mehr. Die rot-grüne Regierung hat es aus dem Vokabular gestrichen. „Non-nomen est omen."

Man kann den Marxismus auf der anderen Seite als den historischen Pendelschlag gegen das vereinseitigte liberale Menschenbild sehen. Karl Marx setzte gegen die eine Einseitigkeit die konträre andere: Der Mensch ist Gattungswesen; als Individuum existiert er überhaupt nicht. Der Einzelne ist nichts, die Partei ist alles, sie „hat immer recht". Die Partei liefert dabei als

Mikrodoktrin nur die heruntergekommene agitatorische kleine Münze zur marxistischen Groß-Idee, die alles erklärt.

Der Liberalismus, dessen wirtschaftliches Kind der Kapitalismus ist, erklärte eine Halbwahrheit und der Marxismus die andere Hälfte zur ganzen Wahrheit. Aber wie schon ein kluger Aphoristiker namens Lichtenberg feststellte, sind halbe Wahrheiten schlimmer als ganze Lügen. Liberalismus und Kommunismus sind Halbwahrheiten, weil sie einem amputierten Menschenbild folgen.

Das Körnchen Wahrheit

„Jede wirksame Häresie enthält ein Körnchen Wahrheit" (Oswald von Nell-Breuning SJ). Der Teufel ist keine selbständige Gegenmacht gegen Gott, sondern eher der große Verdreher „Diabolus".

Für das Körnchen Wahrheit, das Liberalismus wie Kommunismus enthalten, gibt es plausible Verständigungsstützen, was wahrscheinlich ihren je eigenen Erfolg erklärt.

„Der Mensch ist Einzelner": Jeder ist anders als der andere. In den Extremsituationen seines Lebens erfährt der Mensch sich als allein, als ein-samer. Im Sterben kann er von niemandem vertreten werden. Das spricht für die (Halb)wahrheit des Liberalismus.

„Der Mensch ist ein Sozialwesen": Nicht nur biologisch verdankt er seine Existenz der Zweisamkeit seiner Eltern. Seine elementare Fähigkeit, die ihn von der Tierwelt abhebt, seine Sprache, ist nicht selbst geschaffen, sondern im fundamentalen Sinn ein Sozialprodukt. Das spricht für die (Halb)wahrheit des Marxismus.

Beiden, dem Liberalismus und dem Kommunismus, können trotz ihrer spezifischen Einseitigkeit nicht jeglicher historische Verdienst abgesprochen werden.

Der Liberalismus brachte gegen den absolutistischen Staat die Individualrechte der Menschen in Stellung. Liberalismus war das frühe Gegengift gegen jedweden politischen Totalitarismus, den er mit den angeborenen Grundrechten des Menschen konfrontiert, die vor jeder Gemeinschaftspflicht stehen. Die Grundrechte sind nicht vom Staat verliehen. Der Mensch geht vor. So zertrümmerte der Liberalismus den Staatsabsolutismus und bahnte der Demokratie den Weg.

Der Marxismus auf der anderen Seite setzte der Rücksichtslosigkeit des Ellenbogen-Individualismus kapitalistischer Herkunft die Solidarität des Proletariats entgegen. Der Klassenkampf sollte das Vehikel sein, das ins Reich einer umfassenden Solidarität führt, in dem jede Herrschaft abgestorben ist. Karl Marx hat den verelendeten, ausgebeuteten Arbeitern der Industrialisierung überhaupt erst ein Bewusstsein von Zukunft verschafft. Der Marxismus war das Hoffnungsprogramm der Ausgestoßenen und Vergessenen. Wahrscheinlich hätte der sozialpolitische Ausgleich keine Chance gehabt ohne die Drohung der sozialistischen Revolution. Und wahrscheinlich hätte der Marxismus keine Anhängerschaft gefunden, wenn Christen ihre Hausaufgaben in Sachen Solidarität gemacht hätten. Bismarck entdeckte den Sozialstaat erst, als die Arbeiterbewegung den Oberschichten gefährlich wurde. Der Sozialstaat war für ihn auch das Zuckerbrot zur Peitsche der Sozialistengesetze, mit denen er die Arbeiterbewegung unterdrücken wollte.

Das Ideal der Mitte – Integration von Teilwahrheiten

Die Menschenbilder von Liberalismus und Kommunismus sind „diabolische“ Abfallprodukte aus dem aristotelischen Verständnis vom Wesen des Menschseins. Die Anthropologie des Aristoteles hält gleich weiten Abstand von den liberalistischen und kommunistischen Halbwahrheiten. Deshalb ist seine Tugend- wie Staatslehre am Ideal der Mitte orientiert. Tapferkeit z. B. liegt zwischen Feigheit und Tollkühnheit. Der vollkommene Staat ist eine Mischform, die sowohl die Rechte des Einzelnen als auch die der Gemeinschaft integriert.

Thomas von Aquin entfaltet den Gerechtigkeitsgedanken auf den Spuren von Aristoteles. Die Gerechtigkeit ordnet die Rechte des Einzelnen gegenüber der Gemeinschaft und umgekehrt auch die Rechte der Gemeinschaft gegenüber dem Einzelnen sowie die wechselseitigen Rechte zwischen den Einzelnen. Die thomistische Gerechtigkeitslehre entfaltet sich also in drei Dimensionen: Verteilungsgerechtigkeit, legale Gerechtigkeit und Tauschgerechtigkeit. Was sich von der einen Seite als Rechte zeigt, sind von der anderen Seite Pflichten. Zu einem solchen komplexen Gerechtigkeits- und Staatsverständnis fehlt sowohl dem Liberalismus als auch dem Kommunismus die Begabung. Der eine vertritt die Individual-, der andere die Kollektivrechte. Beide sind einseitig.

Thomas von Aquin „taufte" den Aristoteles, in dem er die aristotelischen Vernunftgründe mit dem Glauben an ein höchstes Gut verband, das Gott ist, der sich als Person offenbart hat. Der Glaube an die Gotteskindschaft aller Menschen verschaffte der Idee einer geschwisterlichen Menschenwürde, die Individualität wie Sozialität umfasst, eine transzendentale Verankerung, die sie der Zufälligkeit von wechselnden Machtkonstellationen und schwankenden Lehrmeinungen entzog. Ohne einen absoluten Bezugspunkt wird jede Politologie unzuverlässig.

Die Christliche Soziallehre ist der aristotelischen Position der Mitte verpflichtet. Diese Mitte ist kein geometrischer Ort zwischen den zwei Extremen Individualismus und Sozialismus, sondern die Integration der Teilwahrheiten. Das Ganze ist dabei, im Sinne des Aristoteles, mehr als die Summe seiner Teile.

Es ist leider richtig, dass die Christliche Soziallehre sich im neuzeitlichen Selbstbehauptungskampf so stark an der Front gegen den Marxismus eingegraben hat, dass sich von hinten fast unbemerkt Kräfte in ihre Reihe einschleichen konnten, die mit der Christlichen Soziallehre so wenig zu tun haben wie der marxistische Gegner, den sie bekämpfte. Während sich die christliche Sozialbewegung gegen die Vergesellschaftung der Menschen wehrte, betrieben falsche Freunde in der Etappe das Geschäft der Verwirtschaftung des Menschen. „Humankapital“, „Ich-AG“, „Selbst-GmbH“ sind nur die sprachlichen Blüten der wirtschaftlichen Versumpfung der Humanität.

Hobbes – Der Mensch, dem Menschen ein Wolf

Von ganz anderer Herkunft als die aristotelische Philosophie ist die Staatslehre des Hobbes. Während Aristoteles und sogar Kapitalismus und Kommunismus von einem optimistischen Menschenbild ausgehen, das auf Fortschritt gerichtet war, ist Hobbes ein abgrundtiefer Pessimist. Staat ist lediglich eine Art von „Wach- und Schließgesellschaft“, die das Eigentum schützt und Sicherheit nach außen und innen gewährt. Der Mensch unterscheidet sich vom Tier nur graduell. Er ist nicht frei. Sein Handeln ist in einen Mechanismus von Sinnesreizen und Reaktionen eingespannt. Was angenehm ist, wollen wir, was unangenehm ist, lehnen wir ab. Moral ist nichts anderes als die Bewertung von Günstigkeiten.

Hobbes' Staatstheorie handelt von der Zähmung des wilden Tieres Mensch. Denn in seinem Naturzustand ist der Mensch dem Menschen ein Wolf (homo homini lupus), und in diesem Zustand herrscht der Krieg aller gegen alle (bellum omnium contra omnes). Staat ist der Notbehelf, der diesen Naturzustand bändigt und dadurch das Überleben sichert.

Um des Überlebens willen erfanden die Menschen den Staat. Sie übertrugen ihm notgedrungen alle Macht. Wie der biblische Drachen der Urzeit, Leviathan, schlägt der Staat die Menschen durch Furcht und Schrecken in seinen Bann, auf dass sie sich nicht wechselseitig umbringen. Der Staat ist gleichsam der Dompteur der Wolfsnatur Mensch. Der Staat ist also nichts anderes als die Verkörperung des kollektiven Egoismus.

Der Vertrag der Bürger, die dem Staat die Herrschaftsbefugnis übertragen, ist jedenfalls in der Philosophie des Thomas Hobbes keine deskriptive Theorie, die eine Beschreibung geschichtlicher Abläufe liefert, sondern eine normative Theorie, die der Legitimation staatlicher Herrschaft dient.

Anders als mittelalterliche Eschatologen hat Hobbes das Machtproblem nicht zu lösen versucht, indem er Macht in einem „Dritten Reich" (Joachim von Fiore) auflöste, in dem die Menschheit durch den Heiligen Geist auf eine Stufe gehoben worden ist, die jede Herrschaft überflüssig macht. Hobbes fand sich mit der Macht ab. Macht ist nach Hobbes naturgegeben. Er monopolisierte Macht im Staat, dem die Bürger durch Vertrag ihre Macht um ihres eigenen Friedens willen übertrugen. Ein Vertrag, den der Staat durch Gewährleistung von Sicherheit rechtfertigen musste, weil ihm sonst Vertragskündigung durch Widerstand drohte. Angesichts einer von Religionskriegen gespaltenen Welt und des Zusammenbruchs des mittelalterlichen Ordo-Gedankens verzichtete Hobbes gänzlich auf die Frage nach der Wesensnatur des Staates und beschränkte ihn auf die funktionale Aufgabe der Friedenssicherung nach außen und innen. Hobbes ist ein resignativer Pragmatist der Machthandhabung.

Hobbes Staatslehre geht nicht der Frage nach einem guten, sondern nur einem sicheren Leben nach.

Christliche Machtskepsis

In der Suche nach der „Bestimmung des Menschen", die in seiner Wesensnatur angelegt ist, folgt die Christliche Soziallehre den Spuren von Aristoteles. In der Vorsicht im Umgang mit der Macht speist sich die christliche Soziallehre aus der Hobbes'schen Furcht vor dem „wilden" Menschen, der zur Zerstörung jedweder Ordnung fähig ist. Während die Wesensnatur des Menschen zur Vollendung im Guten begabt ist, ist seine durch Abfall von Gott gebrochene Natur zum Bösen fähig; die christliche Soziallehre nimmt also die Philosophie des Aristoteles wie den skeptischen Pessimismus von Hobbes'scher

Herkunft in sich auf. Das entspricht der janusköpfigen Existenz des Menschen: zum Guten begabt, zum Bösen fähig.

Die Skepsis gegenüber der Macht ist aus der Erfahrung gespeist, dass alle Machthaber der Versuchung zum Missbrauch ausgesetzt sind. „Ihr werdet sein wie Gott" ist die erste paradiesisch-teuflische Versuchung zur Selbstherrlichkeit. Die Macht der guten Menschen entpuppte sich in der Geschichte allzu oft als Überforderung der Guten. Im Zweifelsfall waren die Guten die eigene Verwandtschaft, und sei es auch nur die parteipolitische.

Bändigung der Macht ist als Aufgabe auch in die christliche Staatslehre eingebaut, weil diese nicht von Staaten handelt, die von Engeln regiert werden, sondern von sündigen Menschen. Ein Staat muss auch dann noch funktionieren, wenn er von Teufeln besetzt wäre, proklamierte Immanuel Kant.

Der mittelalterliche Dualismus zwischen päpstlicher und kaiserlicher Herrschaft war eine frühe Form der freiheitssichernden Machtverteilung. Sie erlaubte den Unterworfenen, im Notfall unter den Schutz des anderen Schwertes zu flüchten.

Machtverteilung ist ein konstitutives Element der Demokratie. Freiheit hatte es im Gebiet der Ostkirchen unter caesaropapistischen Vorzeichen schwerer als im von der Römischen Kirche dominierten Westreich, das den Weg von der Staatskirche zur Lehre von den zwei Schwertern – dem geistlichen und dem weltlichen – ging. „Gebt dem Kaiser, was des Kaisers ist, und Gott, was Gottes ist" war die Antwort Jesu auf eine Fangfrage seiner Gegner, mit deren Hilfe sie ihn bei den Römern denunzieren wollten. Vom caesaropapistischen Hang zum Machtmonopol dagegen, das weltliche und geistliche (ideologische) Macht umfasste, profitierte selbst noch die Sowjetunion.

Die stärkste Bändigung der Macht geht jedoch nach christlicher Überzeugung von der Verantwortung des Herrschers vor Gott aus. Aus den mittelalterlichen Abbildungen vom Jüngsten Gericht, auf denen Kaiser und Päpste im Jüngsten Gericht vor Gottes Urteil zittern, entnahmen die Unterworfenen die Zuversicht auf Gottes Gerechtigkeit und die Herrscher die Drohung der ewigen Strafe. Die mittelalterliche Karliturgie enthielt die Fürbitte: „Allmächtiger Gott, in deinen Händen sind die Gewalten und Rechte aller Staaten: Schaue gnädig herab auf das Römische Reich, das die Völker, die auf die Stärke der Faust vertrauen, durch deine mächtige Hand gebändigt werden." Gottvertrauen also auch als Machtbändigung.

Machtmonopole weichen selten friedlich und freiwillig. Die vordemokratische Form des Machtwechsels vollzog sich immer in der Nachbarschaft des Todes. Machtwechsel war entweder mit Untergang im Krieg oder mit Ermordung des Herrschers verbunden. Im friedlichen Fall machte der Machthaber durch sein natürliches Ableben seinem Nachfolger Platz. Erst die Demokratie befreite den Machtwechsel aus dem Schatten des Todes. Demokratie ist Herrschaft auf Zeit und eingebunden in ein System der Machtbalance.

Frieden: gutes oder nur sicheres Leben?

Politik als die Suche nach einer guten Ordnung oder eine Politik, welche gleich einer Straßenverkehrsordnung nur Zusammenstöße vermeidet: Diese Alternativen sind auch Unterströme, aus denen sich elementare moderne politische Gegensätze speisen. Politik als die Suche nach einer menschengerechten Ordnung oder Politik lediglich als Bändigung der Macht: Das sind die grundlegenden politischen Optionen. Auf der einen Seite ist das Gute das Ziel der Politik, auf der anderen die Bändigung des Bösen.

Die „Eudaimonie", von der Aristoteles handelt, ist etwas anderes als das amerikanische Verfassungsziel „persuit of happiness". Das Glück, von dem Aristoteles spricht, ist teleologischer Natur. „Glück" ist in der amerikanischen Verfassung dagegen eine utilitaristische Vorgabe.

„Pax et iustitia" koppelt den Frieden an eine inhaltlich bestimmte Ordnung der Gerechtigkeit. Darin stimmen Aristoteles und Thomas von Aquin überein. Hobbes dagegen begnügt sich mit einer formalen Regel der Friedenssicherung. „Die Zeit, in der kein Krieg herrscht, heißt Frieden." Frieden ist also nach der Definition des „Leviathan" lediglich die Abwesenheit des Krieges. Aber wo beginnt im Zeitalter nicht erklärter Bürgerkriege und terroristischer Attacken der Friede und endet der Krieg?

Friede ist in einem Fall Ausdruck einer sittlichen Ordnung, im anderen Fall eine Art Waffenruhe. Eine neue globale Friedensordnung, nach der gesucht wird, muss sich an der Weggabelung zwischen zwei Optionen entscheiden: Friede als bloße machtgeschützte Konfliktordnung? Oder Friede als Ziel, das der Gerechtigkeit entstammt, die freilich auch gegen Angriffe verteidigt werden muss?

Die Variante der Vertragstheorie

Der Amerikaner John Rawls steht mit seiner Theorie der Gerechtigkeit in der Tradition der angelsächsischen Vertragstheorie. In der Entwicklung seiner Theorie stößt er jedoch selbst an die Grenzen einer rein kontraktualistischen, also vom Gesellschaftsvertrag ausgehenden Staatsphilosophie, welche keine „vertragsunabhängigen" Menschenrechte begründen kann. Denn Menschenrechte werden nicht durch Vertrag begründet. Deshalb greift er in seiner Vorstellung der Gerechtigkeit auf einen aristotelischen Fundus von nicht materiellen Verteilungsprinzipien zurück: „Jedermann soll gleiches Recht auf das umfangreichste System gleicher Grundfreiheiten haben." Erst oberhalb dieser Grundgüter beginnen die durch Vertrag geregelten Verteilungsprinzipien materieller Güter.

Auch Rawls, der die Vertragstheorien in der politischen Philosophie wiederbelebt hat, stößt also an die Grenzen einer rein formalen Gerechtigkeitstheorie. Der Begriff „Fairness", der im Mittelpunkt seiner Gerechtigkeitsvorstellungen steht, ist eine Verhaltensregel, aber kein Ordnungsprinzip. Eine

Straßenverkehrsordnung würde ich nie gerecht nennen; sie ist nützlich, vermeidet Unfälle und ermöglicht es auch noch dem Langsamsten, schneller voranzukommen als ohne sie.

Europa und die USA

Robert Kagan diagnostizierte in seinem Buch „Macht und Ohnmacht" zwischen dem amerikanischen und dem europäischen Politikverständnis eine unterschiedliche „strategische Kultur". „In der alles entscheidenden Frage – in der Frage nach der Wirksamkeit der Ethik, der Erwünschbarkeit von Macht gehen die amerikanischen und europäischen Ansichten auseinander." (Robert Kagan).

Während die Vereinigten Staaten versuchen, in einer anarchischen Hobbes'schen Welt, in der auf internationale Regelungen und Völkerrecht kein Verlass sei, Frieden mit Macht durchzusetzen, bleiben die Europäer auf der Spur einer Friedensfahndung, die von den Prinzipien der Gerechtigkeit getragen wird. „Europa wendet sich ab von der Macht, oder es bewegt sich, anders gesagt, über diese hinaus", meint Kagan, und er hält dies für eine Sehnsucht nach einem „posthistorischen Paradies von Frieden und relativem Wohlstand".

Für beide Strategien – die amerikanische und die europäische – lassen sich gute Gründe finden. In einer turbulenten Welt, die von Veränderungen geschüttelt wird, ist Macht ein unverzichtbarer Ordnungsfaktor, der offenbar auch der Gewalt von Waffen bedarf. Andererseits entspricht es einem aufklärerischen Optimismus, dass die Kraft der Vernunft zu guter Letzt mächtiger sei als jede Waffengewalt. Die Macht einer fehlerhaften Vernunft muss allerdings durch Machtverteilung gebändigt werden. Machtverteilung ist ein Behelf, der unserer gebrochenen Natur entspricht. Machtbalance ist ein Zugeständnis, das wir der Unvollkommenheit jedweder Herrschaft zollen.

Die Kraft der Ideen

Ist Macht nur eine Frage der physischen, psychischen und sozialen Gewalt? Nicht wenige große Imperien, welche sich anschickten, die Welt zu beherrschen, sind zu guter Letzt nicht unter der Gewalt von Waffen zusammengebrochen, sondern eher durch eine Implosion, die durch eine ausgehöhlte Moral ausgelöst wurde, die nur noch Fassade war.

Das Römische Reich versank nicht erst unter dem Ansturm der Germanen, sondern begann zu wanken, als die Bürger des Römischen Reiches ihre „res publica" aus den Augen verloren und sich dem Selbstgenuss hingaben. Die mächtige Sowjetunion ging nicht unter Raketenbeschuss in die Knie. Sie war dem Freiheitsverlangen ihrer Bürger nicht mehr gewachsen. „Wie viele Divisionen hat der Papst?", soll Stalin einst zynisch gefragt haben. Der großen Sowjetunion halfen keine Divisionen. Stalin protzte mit einem modernen Waffensystem von furchterregendem Ausmaß. Der Papst hatte nur eine alte Idee. Wer war stärker?

Die Werftarbeiter von Danzig, unter dem Namen Solidarnosc in die Geschichte eingegangen, waren waffenlos und doch mit der kräftigen Idee der Freiheit bewaffnet, die sie befähigte, sich dem Zentralkomitee der kommunistischen Partei Polens unter Risiko für Leib und Leben entgegenzustellen. Sie, die Frauen und Männer von Solidarnosc, die nie Freiheit aus eigener Erfahrung erlebt hatten, sondern ohne Zwischenschritt von der braunen in die rote Diktatur geschlittert sind, wurden offenbar von einem dem Menschen angeborenen Verlangen bewegt, nämlich nicht Befehlsempfänger und nur Ausführender zu sein – auch nicht bei Arbeitsverträgen. Mit dem Aufstand der christlich inspirierten Solidarnosc wurde die Kraft der Befreiungsbewegung ausgelöst, unter der zuletzt auch die Mauer in Deutschland begraben wurde.

Nicht nur gewaltige Macht ist also ein Ordnungsfaktor, sondern ebenso die sanfte Kraft der Idee. Die Fähigkeit, Ideen zu verfolgen, ist nur dem Menschen gegeben. Kein Tier hat sie. Offenbar gibt es doch eine mit seiner Natur verbundenen Eigenheit des Menschen, den Kopf für eigene Gedanken zu gebrauchen und zu sagen, was gedacht wird. Unfreiheit ist kein dauerhafter Normalzustand. „Sapere aude“ ist die Kantsche Parole der Freiheit und das aufklärerische Programm des erwarteten Ausgangs „aus der selbstverschuldeten Unmündigkeit“.

Es ist offensichtlich kein Zufall, dass viele Theoretiker, welche von nackter Macht fasziniert waren, zur Beschreibung ihrer politischen Vorstellungen Beispiele aus dem Tierreich gewählt haben. Machiavelli orientierte sich am Löwen und Fuchs, Nietzsche an dem Führertier, Spengler am Raubvogel. Hobbes wählte den biblischen Drachen Leviathan zur Versinnbildlichung des Staates.

Wer auf die Idee einer Ordnung verzichtet, die sich am Wesen des Menschen orientiert, das auf ein Gut ausgerichtet ist, landet im Tierreich. Politik wird dann ein Management von Begierden und Interessen.

Die „strategische Kultur“, von der Kagan spricht, ist in den Vereinigten Staaten stark von der angelsächsischen Tradition im Gefolge Hobbes geprägt. Die kontinentaleuropäische Kultur dagegen folgt eher den abendländisch-christlichen Spuren.

Für die kulturellen Unterschiede zwischen Europa und den Vereinigten Staaten werden freilich noch andere Ursachen geltend gemacht. Emmanuel Todd hat in seinem Buch „Weltmacht USA – Ein Nachruf“ die Differenzen zwischen Europa und den USA auch mit dem historischen Entstehungsprozess der beiden Gesellschaften begründet. „Europäische Gesellschaften gingen aus der Knochenarbeit armer Bauern hervor. Ihnen ist in der Geschichte „ein angeborenes Verständnis für ausgewogene Wirtschaftsweisen“ anerzogen worden. Das moderne Amerika dagegen bildete sich in einem drei Jahrhunderte langen erfolgreichen Kolonialisierungsprozess durch Zuwanderung alphabetisierter Bevölkerung in ein mit Bodenschätzen und jungfräulicher Wirtschaft gesegnetes Land. Seine Erfolgsgeschichte beruht auch „auf der Ausbeutung und einseitigen Nutzung von Ressourcen, zu denen es selbst nicht beigetragen hat".

Die Europäer hatten es schon Jahrhunderte mit ausgelaugtem Boden zu tun, der ihnen früh die Grenzen der Wirtschaft bewusst machte. Amerika dagegen ist das Land scheinbar unbegrenzter Möglichkeiten. (Das mag auch ein Grund sein für das unterschiedliche Verhältnis der beiden zu Fragen des Umweltschutzes.)

Amerika ist das Land der Pioniere. Europa eher der Kontinent der Nesthocker. Beides ist mit spezifischen, bisweilen seitenverkehrten Stärken und Schwächen verbunden. Beide haben Beschränkungen. Sesshaftigkeit einerseits beendete Völkerwanderungen und war ein Antrieb für Kultur. Mobilität andererseits verhindert Erstarrung, die mit kulturellen Verlusten einhergeht. Eine neue diffizile Balance zwischen den Tugenden der Alten und der Neuen Welt wird gesucht, was nicht mit dem Verlust von Eigenarten und dem Triumph der Nivellierung verwechselt werden darf.

Friede und Globalisierung

Friede unter den Bedingungen einer globalisierten Politik – wie ist er möglich? Einen Weltstaat schaffen wir nicht, und selbst wenn er möglich wäre, ist er nicht erstrebenswert. Denn nur um den Preis einer großen Nivellierung könnte eine Weltregierung konstruiert werden. Die kulturellen Eigenarten und die pluralen Lebenseinstellungen sind nicht nur eine Bedrohung des Zusammenlebens, sondern ihre Vielfalt ist auch Ausdruck des Reichtums der vielen Seiten des Lebens. Wie der Einzelne nicht alle Möglichkeiten in der Kürze seines Lebens verwirklichen kann, so kann auch keine Kultur alle dem Menschen gegebenen Möglichkeiten ausdrücken. Der Dialog zwischen den Kulturen ist die Kompensation für die Unvollständigkeiten jeder Kultur.

Ein Weltstaat wäre nur um den Preis der kulturellen Nivellierung zu haben. Es ist ein auffälliges Paradox, dass ausgerechnet im Zeitalter der Globalisierung mit einer bisher nie gekannten Verdichtung und Erweiterung des internationalen Zusammenhangs die Separationen zunehmen. Selbstbestimmung ist in vielen Ländern mit dem Auszug von Minderheiten aus nationalen Einheiten verbunden, wobei – zugegebenerweise – nicht überall das Verlangen nach stärkerer kultureller Identität maßgebend ist, sondern mancherorts auch Machtgelüste der potentiellen neuen Herrscher und ihrer Cliquen den Ausschlag gaben.

Der Krieg im Kongo, in dem über 2 Millionen Menschen abgeschlachtet wurden, war kein Kampf um Selbstbestimmung, sondern auch eine Auseinandersetzung, in der es um Rohstoffe ging, von denen der Westen „profitierte". Wenn es keine westlichen Aufkäufer von Gold, Diamanten, Erzen gäbe, könnte man sich viele Blauhelm-Soldaten sparen, die den Frieden zwischen Stämmen, Regionen und Staaten sichern sollen.

Globaler Leviathan als Lebensretter?

Bedürfen wir um des lieben Friedens willen auf einer Welt, die wir gemeinsam bewohnen, aber auch getrennt zerstören können, eines Hegemons, der gleichsam wie ein Leviathan die Völker in die Schranken weist? Ein Hegemon also, den alle fürchten, weil er stärker ist als alle anderen zusammen? Gibt es den? Kann es ihn geben oder soll es ihn geben?

Irgendwann gerieten alle Hegemonialreiche an den Rand ihrer Überdehnung und stürzten ab. Die Geschichte vom Auf und Ab der Großmächte ist noch nicht am Ende. Noch vor ein paar Jahrzehnten sah es so aus, als könne die Welt in einer neuen Strategie der Abschreckung, die mit der Atomwaffe eine neue Qualität gewonnen hatte, ein bipolares, friedenssicherndes Gleichgewicht wahren. Die Abschreckung hatte eine vorübergehende, keine dauerhafte Funktion. Ihr Gleichgewicht war labil. Doch diese Art der Friedenssicherung ist passé. Die Sowjetunion gibt es nicht mehr. Sie hat sich fast über Nacht verabschiedet. Die Polarität des Ost-West-Gegensatzes gehört der Vergangenheit an. Was jetzt? Hegemonie oder Pluralität?

Es wird unter den Bedingungen der Globalisierung keinen Rückweg in nationale Autarkie geben. Spätestens mit den Bildern der Erde, die uns von Satelliten gefunkt wurden, ist der „Erdball" keine phantasievolle Metapher mehr, sondern konkrete Vorstellung. Die Erdkugel ist keine Spezialität mehr, die nur Seefahrer interessiert. Der Erdball ist das Gelände, auf dem eine Menschheit zu Hause ist.

Weder die Anarchie noch die Hegemonie können auf diesem Erdball einen dauerhaften Frieden schaffen, auch nicht mit vielen Waffen.

Sowohl die Selbstmordattentäter als auch die Globalisierung der Wirtschaft exemplifizieren den Bedeutungs- und Sicherungsverlust nationaler Grenzen. Die einen mit Terror, die anderen mit Geld. Ein politisches Handlungskonzept für eine neue friedliche Weltordnung können beide nicht liefern. Die einen, weil sie diese nicht wollen, die anderen, weil sie nicht können. Fanatischer Welteroberungswille auf der einen Seite, Vernachlässigung aller nicht kapitalisierungsfähiger Fragen auf der anderen sind die Hindernisse für eine globale Friedensordnung.

Der Terrorismus bedarf nicht großer und vieler Waffen, um Züge zum Entgleisen, Flugzeuge zum Absturz und Häuser zum Einsturz zu bringen. Großgebilde sind störanfälliger. Gegliederte Kompetenzen schaffen Übersichtlichkeit und vielfältige Verantwortung. Sie sind ein Gegenangriff gegen Anonymisierung, in der versteckte Gewalt blüht.

Die Vielfalt der Kulturen und die Vielzahl der autonomen Staaten bedarf eines Zusammenhangs, wenn sie nicht durch die Zentrifugalkraft unterschiedlicher Kräfte gesprengt werden soll. Diese gemeinsame Basis, die den Zusammenhalt der globalisierten Welt sichert, relativiert den alten national-staatlichen Souveränitätsanspruch. Neue supranationale Institutionen entstehen. Diese neuen Institutionen dürfen den alten jedoch nicht einfach übergestülpt oder sogar allzuständig werden, sondern entsprechen einer gestuften Verantwortung, in der die jeweils höhere nur übernimmt, was die jeweils niedrigere nicht aus eigener Kraft regeln kann. Das Subsidiaritätsprinzip, formuliert in der päpstlichen Enzyklika „Qudragesimo anno“ (1931), könnte die Kompetenzregel einer neuen weltweiten Solidarität sein. Das Subsidiaritätsprinzip ist die Vorfahrtsregel für die jeweils kleinere Gemeinschaft. Es gibt der personennäheren Institution die Priorität vor den personalferneren.

Universales Menschenrecht

Es bleibt als Überlebenschance nur die gemeinsame Besinnung auf das, was Menschen zu Menschen macht und die Verständigung auf Grundregeln des Verkehrs zwischen Unterschiedlichem, welches die Vielfalt ausmacht. Menschenrechte und ein neues Völkerrecht sind die Stützpfeiler einer neuen Weltfriedensordnung.

Den stärksten Beitrag, den die Botschaft Jesu zur Fundierung der Menschenrechte gegeben hat, ist der Glaube an die Gotteskindschaft aller Menschen. Dieser Glaube ist allen monotheistischen Religionen zugänglich. Auch als säkularisierte Idee der Gleichheit aller Menschen könnte sie gemeinsame Überzeugung aller Menschen guten Willens sein.

Ist Weltordnung lediglich Machtordnung? Oder ist es möglich, sich auf einen Grundstandard von Rechten zu verständigten, die überall gelten sollen? Hunger ist überall eine Not, Folter tut unter allen möglichen kulturellen Voraussetzungen weh. Seine Meinung frei zu sagen ist ein Recht, das an den Verstand des Menschen geknüpft ist.

Ein Grundbestand von Menschenrechten und -pflichten könnte das Fundament einer globalen Weltordnung sein, die wir gemeinsam schützen, und kein Staat hätte das Recht, sich hinter seiner Souveränität zu verschanzen, wenn er diese Menschenrechte gefährdet. Freilich, über die Intervention soll keine Führungsmacht allein entscheiden, sondern die Gemeinschaft zivilisierter Staaten. Es steht keiner Nation das Privileg zu, die Entscheidung über Krieg und Frieden solistisch zu treffen. Auch die Vereinigten Staaten von Amerika dürfen nicht bestimmen, wer zur „Achse des Bösen“ gehört. Eine internationale Arbeitsteilung funktioniert nicht, wenn die einen alleine die Antworten geben und die anderen nur Fragen stellen dürfen. Für Intervention unter Umgehung der Souveränität von Nationalstaaten muss ein geregeltes Verfahren unter dem Dach der Vereinten Nationen gefunden werden, damit Eingriffe zu Gunsten der Menschenrechte nicht als Alibi für nationale Interessen missbraucht werden können.

Wenn sich die Idee der Menschenrechte mit militärischer und wirtschaftlicher Macht verbinden würde, könnte ein Fortschritt ermöglicht werden, der alle technologischen Rekorde einschließlich die Eroberung des Weltraums übertrifft. Was hilft es, wenn Menschen den Mond betreten, Humanität aber auf der alten Erde abtreten muss.

Freilich, eine Politik für die Menschenrechte darf diese nicht mit einer expansiven Definition vertreten, weil dann leicht der Kampf für die Menschenrechte zu einem neuen Kulturimperialismus degeneriert. Ob die Einehe der Normalfall ist oder ein Mann vier Frauen heiratet, macht eine kulturelle Differenz aus. Welches Tier heilig, welches Fleisch rein ist, ob der Mensch in Nirwana sich auflöst, reinkarniert wird, am Jüngsten Tag aufersteht oder der Tod endgültig ist, betrifft elementare Glaubenswahrheiten, aber nicht die Menschenrechte. Dass er das oder anderes glauben darf, gehört zu der menschenrechtlich gesicherten Religionsfreiheit, nach der jeder nach seiner Fasson selig werden darf.

Menschenrechte sind nicht eine exklusive Spezialität demokratischer Gesellschaften. John Rawls geht in seinem Spätwerk „Das Recht der Völker“ so weit, dass er auch „wohlwollende absolutistische Staaten“ zu den Staaten zählt, die zur

Achtung der Menschenrechte fähig sind. Wenn die Menschenrechte mit dem Standard der westlichen Demokratien gleichgesetzt werden, wird ihre Geltung unter Völkern anderer kultureller Tradition erschwert bis versperrt. Die Menschenrechte als Universalrechte müssen auf die elementaren Freiheitsrechte konzentriert werden, zu diesen zählen vor allem: „Schutz von Leib und Leben", „Verbot von Folter und Sklaverei" und „Meinungsfreiheit" – zu der die Religionsfreiheit gehört.

Der Einsatz für die Menschenrechte ist nur glaubwürdig, wenn er sich nicht des Selektionsmechanismus bedient, die Menschenrechtsverletzung befreundeter Staaten zu übersehen und die der gegnerischen zu attackieren. Ich erinnere mich, dass meine Proteste in Polen gegen die Unterdrückung von Solidarnosc von meinen Parteifreunden bejubelt wurden, meine Angriffe auf Pinochet in Chile allerdings als Nestbeschmutzung empfunden wurden; denn der Folterer Pinochet war ein Freund des Westens. Es war leicht, gegen Nordkorea und den Irak zu demonstrieren, aber ein kritisches Wort gegen Scharon wurde als „Rassismus pur" von Paul Spiegel vom Zentralrat der Juden diffamiert. Die Taliban wurden als Menschenrechtsverächter zu Recht gebrandmarkt. Über die Behandlung der Taliban-Gefangenen auf Guantanomo Bay durch die Amerikaner aber wurde geschwiegen. Auch Taliban-Gefangene sind Menschen. Man kann den Teufel nicht mit dem Beelzebub austreiben. Der Amerikaner Richard Rorty wirft seiner Regierung vor: „Unsere Regierung hat uns auch gesagt, dass wir eine moralische Pflicht hätten, einen sadistischen Tyrannen zu stürzen. Sie machte sich aber nicht die Mühe zu erklären, weshalb wir nicht die Pflicht haben, einen Regimewechsel in Myamar, Usbekistan oder in verschiedenen afrikanischen Diktaturen herbeizuführen." Nichtbeachtung von UN-Resolutionen sind nicht nur Sache von Gegnern der Vereinigten Staaten, sondern mehrfach auch von Freund Scharon.

Das Menschenrecht gilt ungeteilt, oder es gilt gar nicht. Menschenrechte sind universal, oder sie sind keine Menschenrechte. Einseitige Menschenrechtspolitik ist keine Menschenrechtspolitik, sondern ein Etikettenschwindel, der anderen Zielen als dem aufgeklebten dient.

Völkerrecht und Goldene Regel

Ein das Menschenrecht schützendes Völkerrecht ist noch schwach entwickelt, weil das Völkerrecht noch vornehmlich Staatenrecht ist, das die Beziehungen zwischen Staaten regelt. Dementsprechend kann auch das Menschenrecht nur über Vermittlung von Staaten zum Zuge kommen. Das herkömmliche Völkerrecht ging von der Grundprämisse aus, dass es in erster Linie ein Rechtssystem zur Regelung der Beziehungen der Staaten untereinander ist. Das Völkerrecht gewährt jedenfalls bis jetzt keine ausreichenden individuellen Rechte gegenüber dem Staat, schon gar nicht gegenüber dem eigenen Staat. Innerstaatlich ist das Individuum immer auf die Freiheit oder Unfreiheit eines politischen Systems angewiesen. Erst über einen institutionellen Internationalismus der Menschenrechte gewinnen Menschenrechte die Sanktionsmöglichkeit, die sie sichern. Das Völkerrecht muss vom „Klassischen Völkerrecht der Staaten zum kosmopolitischen Recht der Weltbürgergesellschaft“ (Jürgen Habermas) weiterentwickelt werden.

Ohne internationale Sanktionen bleiben die Menschenrechte in den Fesseln des alten Souveränitätsbegriffes, der Einmischung in die inneren Angelegenheiten eines Staates verbietet. Ein international sanktioniertes Menschenrecht gibt es bis jetzt nur ansatzweise in Form des Internationalen Strafgerichtshofes, dem leider die USA die Zustimmung verweigert haben. Die Menschenrechte bedürfen völkerrechtlicher Sanktionen.

Zu den Erfahrungen des vergangenen Jahrhunderts gehört, dass der traditionelle Nationalstaat weder zwei Weltkriege verhindert hat noch das Gemetzel zwischen Stämmen und Cliquen innerhalb von Staaten, beispielsweise in Ruanda, Burundi, Kongo, Indonesien und andernorts, gestoppt hat. Der souveräne Nationalstaat hat jedenfalls dort als Garant von universalen Menschenrechten kläglich versagt.

Der Nationalstaat der Zukunft bedarf einer doppelten Legitimation. Nach innen der Zustimmung seiner Bürger, nach außen der Rechtfertigung vor einem „Weltgewissen", das sich in gestärkten und neu geordneten Vereinten Nationen manifestiert.

Auf einer Ebene des herkömmlichen Völkerrechtes, auf der es um die allgemeinen politischen Angelegenheiten des Miteinanders der Völker geht, könnte eine uralte Regel reaktiviert werden, die schon für Kant's kategorischen Imperativ Pate stand. Die Goldene Regel: „Was du nicht willst, das man dir tu', das füg' auch keinem anderen zu", diese Regel hat die Anerkennung des Anderen als Gleichen zur Grundvoraussetzung.

Mit fast skrupulöser Pedanterie hat Immanuel Kant in seinem philosophischen Entwurf „Zum ewigen Frieden" diese Regeln erläutert. Den Titel für seine Abhandlung hatte er dem Türschild eines gleichnamigen holländischen Wirtshauses entliehen, auf dem ein Friedhof zu sehen war. Womit der große Transzendental-Denker auf satirische Weise andeutete, dass er auch etwas von den alltäglichen Menschlichkeiten verstand. In sechs Präliminarartikeln, drei Definitivartikeln, zwei Zusätzen nebst Anhang listet Kant die Bedingungen des Friedens auf. Schon im ersten Präliminarartikel beweist Kant, dass er ein politischer Philosoph ist, der entgegen dem Bild, das sich die Nachwelt von ihm machte, durchaus in der Lage war, praktische Hilfestellung zur Lösung immer wiederkehrender Probleme zu geben.

„Es soll kein Friedensschluss für einen solchen gelten, der mit dem geheimen Vorbehalt des Stoffs zu einem künftigen Kriege gemacht wird." Das wäre ein „Aufschub von Feindseligkeiten". Das Beiwort „ewig" dem Friedensbegriff beizufügen ist für Kant schon ein „verdächtiger Pleonasmus".

Ein Friede, der seinen Namen zu Recht trägt, ist kein Erschöpfungszustand, der durch wiedererstarkte Kraft zum

Krieg beendet ist, sondern eine Ordnung, die Zustimmung nicht durch Gewaltandrohung zustande bringt, sondern durch Einverständnis.

Wenn man den Kant'schen Gedanken weiter denkt, kommt man zur Hoffnung, dass von Demokratien keine Kriegsgefahr ausgeht. Schon Doyle hat darauf aufmerksam gemacht, dass zwischen Demokratien noch kein Krieg erklärt worden ist. (Was offenbar nicht ausnahmslos richtig ist, denn beispielsweise der Ruhrkampf in der Weimarer Zeit war ein Kampf zwischen französischer und deutscher Demokratie.) Da in der Demokratie das „Volk herrscht", ist sicher die Gefahr geringer, dass Prestige und Ehrsucht von Herrschern oder territoriale und wirtschaftliche Machtgelüste Krieg auslösen, wie das zwischen Monarchen und Diktatoren immer üblich war.

Das Völkerrecht ist die juristische Form der Goldenen Regel und entspringt einer reziproken Moral. Ein Völkerrecht, das lediglich der Handhabung der Macht dient, wird dem Strudel der ständigen Machtveränderungen ausgesetzt. Unzuverlässig ist ein Völkerrecht „nach dem Statute von Ministerialplanern", wie Kant von dieser Art Völkerrecht sagt, da es „ein Wort ohne Sache ist und auf Verträgen beruht, die in dem Akt ihrer Beschließung zugleich den geheimen Vorbehalt ihrer Übertretung enthalten". (Zum ewigen Frieden). Völkerrecht, das von Bestand ist, darf nicht lediglich die bestehenden Machtverhältnisse abbilden und so einen machtgefrorenen Status quo absichern.

Dauerhaftes Völkerrecht ist auf gegenseitiges Einverständnis angewiesen, das unabhängig ist vom jeweils aktuellen globalen Machtgefälle. Einverständnis ist die Alternative zur Unterwerfung.

Einen Völkerbund hielt Kant für anthropologisch unwahrscheinlich. Die Menschengattung – so meint Kant – aber muss sich von dieser Idee leiten lassen, auch wenn die „eigentliche empirische Geschichte" weit entfernt davon bleibt. Die UN ist von dem Ideal weit entfernt. Daraus den Schluss zu ziehen, das Ideal aufzugeben, wäre alternativlose Resignation.

Die Weltfriedensordnung liegt nicht in Utopia, sondern entspricht einem allerdings noch schwachen, unterentwickelten Bild von einer geschwisterlichen Welt, die keinen Menschen und kein Volk vor die Tür der neuen Weltgemeinschaft des Friedens setzt.

Globale Verantwortung – ein neues Weltethos

Oberhalb dieser Fundamentalübereinstimmung über elementare Menschenrechte und des Einverständnisses über Spielregeln des Völkerrechts gibt es auf einer dritten Ebene noch viele gemeinsame Interessen der Menschheit. Das Ozonloch in der Erdatmosphäre ist z. B. keine nationale Bedrohung. Es ist eher ein gefährliches Leck in der Weltraumfähre Erde, dessen gemeinsame Besatzung wir sind. Das Interesse der Menschheit steht also nicht im Gegensatz zu den Interessen der Völker. In der Wahrung der globalen Lebensgrundlagen sind entweder alle Gewinner oder alle Verlierer. Zur Zukunftssicherung der Erde bedarf es umfassender Verantwortung.

Hans Jonas hat in der Neudefinition des Begriffes der Verantwortungsethik einen Weg gewiesen, der über die Sorge für den Nächsten und die Gegenwärtigen hinausführt. In einer Zeit, in der die Reichweite unserer Handlungen eng und kurz war, war die Ethik der Nächstenliebe ausreichend, und Recht und Ordnung konnten sich auf nationale Grenzen beschränken. Doch der Nächste lebt heute weit entfernt – räumlich und zeitlich. Die Nächsten sind ebenso unsere Urenkel wie unsere Nachbarn in Afrika, Asien, Amerika und Australien. Vielleicht wohnen deren Enkel sogar auf dem Mond und bombardieren ihre Verwandten auf der Erde.

Die Nah-Ethik hat keine ausreichenden Regeln für die weiterreichenden Dimensionen der neuzeitlichen Technik, welche sich nicht nur anschickt, die Naturkräfte zu beherrschen, sondern sogar in der Lage ist, sie zu übertrumpfen und damit die Welt zu ruinieren und Zukunft zu vernichten. Die von der Naturwissenschaft gestützte Technik trennt nicht mehr zwischen „Können" und „Dürfen". Wir können immer mehr und mehr als je zuvor. Das Nachdenken über das, was den Menschen und der Natur gemäß ist, hinkt hinter dem Vordenken, was wir können wollen, aussichtslos hinterher. „Es steht uns nicht mehr frei, nicht zu wollen, was wir können", schrieb Marc Jongen in der „Zeit". Eduard Teller, einer der Väter der amerikanischen Wasserstoffbombe, formulierte schon früher die neue Maxime: „Der technische Mensch soll das, was er verstanden hat, anwenden und sich dazu keine Grenzen setzen."

Doch die Zweifel an der Gültigkeit dieser Maxime wachsen. Otto Hahn, dem die Kernspaltung gelang, fiel nach dem Tag von Hiroshima in tiefe Depression. „Das habe ich nicht gewollt" war eine verspätete Einsicht, eine Kapitulationserklärung der modernen Naturwissenschaft und die Resonanz einer moralischen Hilflosigkeit. Jonas setzt dem imperialistischen Imperativ, alles zu tun, was getan werden kann, ein Verständnis von objektiven Werten entgegen, das in der Nachfolge von Aristoteles in der Entelechie begründet ist, auf die Natur unter Einschluss des Menschen gerichtet ist. Die Natur trägt ihre Ziele in sich und ist nicht lediglich das Herrschaftsmaterial des Menschen.

Einst schützten sich die Menschen durch Dämme und Stadtmauern vor der wilden Natur. Heute sperren wir Naturparks vor dem Zugriff wilder Menschengewalten ab. Das ist eine kopernikanische Wende im Verständnis der Natur. Nicht die Natur bedroht den Menschen, sondern der Mensch die Natur. Schöpfung ist dem Menschen nicht nur untertan, sondern anvertraut. Die Ambivalenz zwischen dem Menschen als Herrn der Schöpfung einerseits und dem Menschen als Partner der Schöpfung andererseits ist bereits in den biblischen Schöpfungsberichten enthalten. Eine Moral der Sorge für andere befreit die Schöpfung von einem lebensvernichtenden Imperialismus des Menschen. Gott hat die Schöpfung dem Menschen anvertraut, nicht überlassen, um mit ihr zu machen, was ihm beliebt.

Die Schöpfung dauert länger als ein menschliches Leben – und unsere Verantwortung auch. Das ist der Sinn einer neuen globalen Generationensolidarität. Den neuen kategorischen Imperativ formulierte Jonas so: „Handele so, dass die Wirkungen deiner Handlungen verträglich sind mit der Permanenz echten menschlichen Lebens auf Erden."

… und sie bewegt sich doch

Das Projekt Weltethos, inspiriert von Hans Küng, macht Fortschritte. Der Bericht der UN-Kommission für Weltordnungspolitik von 1995 forderte ein „Ethos der Nachbarschaft" und erwartete die Ausweitung des Konzepts „Nachbarschaft" von lokalen in globale Dimensionen. Der Bericht der „Welt-Kommission für Kultur und Entwicklung" aus dem gleichen Jahr formulierte einen Kernbestand von Werten, die überall gelten sollen „zur Bewältigung der globalen Probleme". Diese Forderung fand ihren Widerhall in dem „UNESCO-Universal-Ethics Project", dem „World Economics Forum Davos", dem „Dritten-Milleniums-Projekt Valencia" und der „Indira-Gandhi-Konferenz" in Delhi (allesamt 1997).

Die Leuchtfeuer einer universalen Orientierung an gemeinsamen Werten werden rund um den Erdball entzündet. Das Parlament der Weltreligionen proklamierte schon vor 10 Jahren eine Erklärung zum einen Weltethos als einen Inbegriff von ethischen Überzeugungen, die für alle Menschen gelten sollen. Der „Inter-Action-Council" früherer Staats- und Regierungschefs veröffentlichte am 1. September 1997 den Vorschlag von allgemeinen Menschenpflichten. Zwei Eckpunkte ergänzen die Menschenrechte durch Menschenpflichten: „Jede Person, gleich welchen Geschlechts, welcher ethnischen Herkunft, welcher Sprache, welchen Alters, welcher Nationalität oder Religion hat die Pflicht, alle Menschen menschlich zu behandeln", und „Alle Menschen, begabt mit Vernunft und Gewissen, müssen im Geist der Solidarität Verantwortung übernehmen gegenüber jedem und allem, Familie und Gemeinschaften, Rassen, Nationen und Religionen." Diesen fast lehrformelhaften Richtungsweisungen folgten Konkretisierungen, die sich an uralten Geboten orientierten.

Darauf bauen die Verpflichtungen:

- Eine Kultur der Gewaltlosigkeit und der Ehrfurcht vor dem Leben: „Hab Ehrfurcht vor dem Leben" – das alte „Du sollst nicht töten!"
- Eine Kultur der Toleranz und des Lebens in Wahrhaftigkeit: „Sprich und handle wahrhaftig" – das alte „Du sollst nicht lügen!"
- Eine Kultur der Solidarität und einer gerechten Wirtschaftsordnung: „Handle ehrlich und fair" – das alte „Du sollst nicht stehlen!"
- Eine Kultur der Gleichheit und der Partnerschaft von Mann und Frau: „Respektiert und liebet einander" – das alte „Du sollst nicht Unzucht treiben!"

In den Erklärungen zum Weltethos geht es nicht um einen beliebigen Katalog von Ratschlägen und ethischen Imperativen, sondern um vier elementare Imperative der Menschlichkeit: nicht töten, stehlen, lügen, Unzucht treiben. Sie finden sich in der Bibel, im Koran, im buddhistischen Kanon und in der hinduistischen Bhagavadgita. – Diese ethischen Grundlagen sind einerseits allgemein verpflichtend und andererseits offen für unterschiedliche kulturelle „Inkarnationen". Sie sind weder fundamentalistisch noch beliebig.

Hans Küng hat das Programm eines Weltethos als „Ethos der vernünftigen Mitte" bezeichnet.

Die Vereinten Nationen

Eine geschwisterliche Weltgemeinschaft kann nicht auf Bajonetten und Raketen entstehen, obwohl sie der Waffen bedarf, um Störenfriede abzuwehren. Macht ohne Ideen wird kopflos. Ideen ohne Macht sind ohne Hand und Fuß. Die Idee der Würde des Menschen und die davon abgeleiteten Menschenrechte als Kopf und die Vereinten Nationen als Hände und Füße wären besser als jeder globale Leviathan.

Die Vereinten Nationen könnten der Nukleus einer neuen Friedensordnung werden. Das Gründungsdokument der Vereinten Nationen ist ihre Charta vom 26. Juni 1945. Von der „Geißel der Weltkriege“ geschlagen, aus der Erfahrung unsagbaren Leids gespeist, versuchte die Welt einen neuen Anfang. An der Spitze der Charta steht die Bekräftigung des „Glaubens an die Grundrechte des Menschen, an Würde und Wert der menschlichen Persönlichkeit, an die Gleichberechtigung von Mann und Frau sowie von allen Nationen, ob groß oder klein.“ Die weitere Entwicklung der Welt beschädigte diesen Glauben, weil die Vereinten Nationen selten den Menschenrechtsverächtern in den Arm gefallen sind, und – was noch schlimmer ist – im Sicherheitsrat von Staaten dominiert werden, die selbst zu denen gehören, welche die Menschenrechte missachten: China mit der grandiosen Menschenschlächterei auf dem „Platz des Himmlischen Friedens“ und Russland mit seinen Brutalitäten in Tschetschenien sind keine Gärtner der Menschenrechte. Soll deshalb der Traum von einer UN aufgegeben werden, die Macht mit Frieden und Gerechtigkeit verbindet?

USA – Wegbereiter oder Hemmschuh?

Die Vereinigten Staaten von Amerika sind Vorreiter der Demokratie. Zweimal im letzten Jahrhundert sind die USA für die Demokratie in den Krieg gezogen. In den Ersten Weltkrieg traten sie nach den Worten Wilsons ein, um „die Welt für die Demokratie sicherer zu machen“. Den Zweiten Weltkrieg verstanden die Amerikaner als einen „Krieg für die Freiheit“. Nach dem Zweiten Weltkrieg warfen sich die Vereinigten Staaten in die Waagschale für die internationale Sicherung von Freiheit und Frieden. Mit „Dean Acheson, Trumans Außenminister, hat das so genannte außenpolitische Establishment in der Verwaltung und in den Universitäten über Generationen den amerikanischen Bildungsschichten internationalistische Gefühle eingeflößt", beschreibt Richard Rorty die „Stimmung" der Nachkriegszeit in den USA.

Deutschland wäre dem Sowjetreich einverleibt worden, West-Berlin keine freie Stadt geblieben, hätten die USA nicht der Bundesrepublik Deutschland Beistand geleistet. Die Vereinigten Staaten von Amerika waren im letzten Jahrhundert zweimal an der Schaffung von Institutionen der gemeinsamen Verantwortung der Völker und Staaten der Welt beteiligt. Vom amerikanischen Präsidenten Wilson stammte die Idee des Völkerbundes, dem die USA allerdings nie beitraten. Die Vereinten Nationen haben nach dem Zweiten Weltkrieg ihren Sitz in New York genommen. Die amerikanische Erklärung der Menschenrechte ist älter als die europäische. Die Menschenrechte gehören zum Gründungsgut der Vereinigten Staaten. Von der Bindung an die Mutterländer sagten sich die Gründungsväter der Vereinigten Staaten unter Berufung auf die naturrechtlich begründeten universalen Menschenrechte los. Deutschland verdankt seine Befreiung aus den Klauen der Nazis den USA.

Im Kampf gegen Faschismus und Kommunismus waren die USA das Führungsland. Diese Erbschaft verpflichtet. Nach dem 11. September 2001 wurden die Vereinigten Staaten von einer Welle der weltweiten Solidarität der zivilisierten Völker getragen. Das war eine Sternstunde für die Weiterentwicklung der Vereinten Nationen. Doch zwei Jahre später haben die USA das Irak-Problem „selbständig" gelöst und die Autorität der UN schwer beschädigt. Ob dies ein Pyrrhussieg war, bei dem die Vereinigten Staaten langfristig mehr verlieren, als sie kurzfristig gewonnen haben?

Als Reaktion auf die tiefe Verletzung der amerikanischen Selbstsicherheit durch das Attentat vom 11. September 2001 entwickelt sich offenbar ein Selbstbewusstsein der USA, das Züge von hybrider Selbstüberschätzung zeigt. „Zu Beginn des neuen Jahrtausends erfreuen sich die Vereinigten Staaten einer Stellung in der Welt, mit der sich kein Imperium der Vergangenheit messen kann. Auf militärischem und wirtschaftlichem Gebiet, in Wissenschaft und Technologie, von der höheren Bildung bis zur Popkultur kann sich Amerika einer nie da gewesenen Dominanz gegenüber dem Rest der Welt rühmen." So selbstherrlich beschreibt Henry Kissinger in seinem Buch „Die Herausforderung Amerikas" die Stellung seines Landes gegenüber „dem Rest der Welt". Der Direktor des Carr Center for Human Rights Policy an der John F. Kennedy School of Government in Harvard, Michael Ignatieff, beschrieb im New York Times Magazine im Januar 2003 die Rolle Amerikas als Imperium: 1 Million Soldaten in vier Kontinenten, Flugzeugträgerflotten auf allen Weltmeeren. Amerika als Motor des Welthandels. Das ist die imposante Bilanz für eine Weltherrschaft, und Ignatieff beschließt diese amerikanische Selbstdarstellung mit der Frage, ob die imperiale Rolle Amerika seine Seele kostet oder ob sie sie rettet.

Nach der Eroberung des Iraks melden sich Selbstzweifel im imperialen Selbstbewusstsein der USA. Leon Fuerth, Al Gores ehemaliger Sicherheitsberater, stellt fest: „Bisher diente das Wort Imperium nur als Metapher. Mit der Eroberung des Iraks haben wir es allerdings in die Realität umgesetzt." Er warnte: „Der Beginn des Imperiums ist das Ende der Staatengemeinschaft. Im Sicherheitsrat der Vereinten Nationen haben wir schon erlebt, was das bedeutet." Francis Fukuyama mahnte im Wallstreet Journal: „Wir müssen diesen Moment der Stärke nutzen, doch den größten Vorteil haben wir, wenn wir unser Reich neu einschränken, anstatt es auszudehnen." Fukuyama schließt damit an Überlegungen an, die Edward Gibbon schon im 18. Jahrhundert in den Betrachtungen über Wesen und Werden des Römischen Reiches anstellte. Ein Reich könne nur überdauern, solange seine Herrscher die Grenzen nicht überdehnten. Niemals dürfe man globale Macht mit globaler Unterwerfung verwechseln. Paul Kennedy übertrug diese alten Einsichten in seine Überlegungen vom Aufstieg und Untergang großer Völker und Staaten.

Die Achillesferse einer Weltmacht

Die Weltmacht USA ist nicht autark. Ihr Wohlstand basiert auf einem Geld- und Kapitalzufluss, der das Handelsbilanzdefizit von 450 Milliarden Dollar ausgleicht. Um das Defizit auszugleichen, sind die Vereinigten Staaten also darauf angewiesen, dass ihnen Tag für Tag mehr als 1,2 Milliarden Dollar Finanzmittel zufließen. Die USA hängt somit am Tropf der internationalen Finanzmärkte. Die Welt der amerikanischen Finanzen steht aber immer weniger in Zusammenhang mit der Warenwelt. Das Geld transformiert vom Gegen- zum Spekulationswert, der nur in loser Verbindung zur Wertschöpfung steht. Der Wohlstand der Vereinigten Staaten hat eine hohe virtuelle Komponente: Geld- und Kapitalzufluss in die USA basieren auf einem Vertrauensvorschuss in die USA. Entfällt das Vertrauen, bricht der Konsum und mit ihm der Wohlstand der Vereinigten Staaten zusammen. Der Lebensstandard würde über Nacht um 15 bis 20 % absacken, wenn die Finanzsituation Amerikas mit den realen Verhältnissen in Übereinstimmung gebracht würde, und keine Gewalt der Waffen könnte diesen Absturz ausgleichen. Wenn zum Beispiel die arabische Welt den Geldhahn zudreht, kann die amerikanische Wirtschaft ihren Importüberschuss nicht mehr finanzieren – und das Konsumfest ist zu Ende.

Die Länder, die den Import in die Vereinigten Staaten besorgen, sind keine wehrlosen Kolonialländer wie in früheren Zeiten. Amerika tanzt auf dünnem Eis. Was als Stärke der USA ausgegeben wird, verliert auf den zweiten Blick viel von seiner Plausibilität.

Mobilität gilt als Ausweis wirtschaftlicher Dynamik. In Amerika wechselten 17,5 % der Bevölkerung innerhalb eines Jahres ihren Wohnort. In Frankreich dagegen nur 4,4 %, in England 9,6 %, und in Japan 9,5 % der Einwohner. Trotz dieser Unterschiede war die Produktivität in Amerika niedriger als in den Ländern mit erheblich geringerer Mobilität. Es ist nicht alles Gold, was in Amerika glänzt.

Der Grad der Zivilisation lässt sich auch am Umgang mit der Kriminalität messen. Die USA zelebrieren die Todesstrafe auf eine geil-sadistische Weise. Dennoch ist die Zahl der Tötungsdelikte in den europäischen Staaten ohne Todesstrafe erheblich niedriger. In den USA sterben nach der Statistik von 100000 Einwohnern 6 Menschen durch Mord oder Totschlag. Im todesstrafenfreien Europa ist es nur einer. Kissinger vergaß in seiner Leistungsbilanz also auch die Zahl der Todesurteile, mit der die USA ebenso zur Weltspitze zählt, allerdings von China übertroffen. Das amerikanische Bekenntnis zum freien Welthandel nimmt in dem Maße ab, in dem die eigenen Produkte unter Konkurrenzdruck geraten, wofür der Stahlmarkt seit langer Zeit anschauliche Beispiele liefert. Amerika fordert einerseits Solidarität ein und verweigert sie andererseits. Das geht nicht lange gut.

1997 lehnten die Vereinigten Staaten den Vertrag von Ottawa zum Verbot der Antipersonenminen ab. Ein Jahr darauf wurde der Internationale Staatsgerichtshof ohne amerikanische Zustimmung beschlossen. Das Kyoto-Protokoll zum Schutz der Erdatmosphäre wurde ebenfalls nicht unterschrieben. Das sind „misstrauensbildende Maßnahmen". Die Reihe der amerikanischen Solidaritätsverweigerungen lässt sich fortsetzen. Wer auf Solidarität angewiesen ist, muss sie auch geben, denn Solidarität ist auch in globalen Dimensionen keine Einbahnstraße. Auch eine Großmacht wie die USA bedarf des Vertrauens. Waffen sind zur Abschreckung geeignet. Sie sind jedoch von sich aus noch keine vertrauensbildenden Instrumente.

Der Kampf gegen Terrorismus

Der Kampf gegen den Terrorismus kann nicht mit herkömmlichen Kriegserklärungen geführt werden. Die Akteure des Terrorismus sind nämlich nicht Staaten, sondern im klassischen Sinn Privatpersonen, aus der Sicht des Polizeirechtlers Kriminelle. Der Terrorist ist kein Kombattant, nicht einmal

Partisan. Von Raubmördern oder Mafiosi unterscheidet er sich durch das Fehlen von Eigennutz. Abschreckung funktioniert im Krieg gegen den Terrorismus nur mangelhaft. Denn wem das eigene Leben weniger wert ist als seine Ziele, der lässt sich nicht durch Todesgefahr schrecken. Das rationale Kalkül der Abschreckung durch Vergeltung versagt gegenüber Märtyrern.

Ganze Staaten in Haft zu nehmen, um der frei agierenden Terroristen Herr zu werden, ist erstens aussichtslos und zweitens mit „Kollateralschäden" verbunden, die nicht Solidarität mit den Vereinigten Staaten auslösen, sondern Hass gegen sie. Wenn dann noch hinzu kommt, dass die Auswahl der Staaten, welche die „Achse des Bösen" bilden, selektiv ist, verliert diese Art von Kampf Vertrauenskredit. Und die Auswahl durch die Vereinigten Staaten ist offensichtlich selektiv. Wer im Irak u. a. deshalb gekämpft hat, um das Netzwerk von Bin Laden zu zerstören, aber mit Saudi-Arabien gute Beziehungen unterhält, also dem Land, aus dem Bin Laden kommt und von dem er seine „Schutzgelder" abholt, schlägt sich das Argument selbst aus der Hand, mit dem er militärische Einsätze rechtfertigt. Die palästinensischen Selbstmordattentäter zu Recht attackieren, aber gegen das Vorgehen der israelischen Armee keine Einwände erheben, ist eine gespaltene Moral, und die ist bekanntlich nichts wert.

Den Einsatz von Giftgas im Krieg des Irak gegen den Iran schweigend hinzunehmen, Giftgaslager aber als Kriegsgrund anzugeben, wenn Giftgas potentiell gegen den Westen gerichtet wird, ist eine Form von politischer Bewusstseinsspaltung, welche die eigene Moral demontiert.

Der Kampf gegen den Terrorismus wird auch als ein Streit auf der Ebene der Ideen geführt. Wahrscheinlich hat der Papst mit seiner Stimme im Irak-Krieg mehr gegen den Terrorismus bewirkt als alle amerikanischen Bataillone zusammen. Er hat zumindest das törichte Wort von Präsident Bush, der vom „Kreuzzug" sprach, dementiert. „Kreuzzug" – das Wort weckt in der arabischen Welt Erinnerungen an das Gemetzel mittelalterlicher christlicher Ritter. Wenn der Kampf gegen den Terrorismus als Auseinandersetzung zwischen Islam und Christentum geführt würde, wäre das ein fulminantes Rekrutierungsprogramm für muslimische Glaubenskrieger.

Der Kampf gegen den Terrorismus ist eine Auseinandersetzung, in der es um die Würde des Menschen geht, auf die sich alle gutmeinenden Menschen verständigen können, welcher Religion und Kultur sie auch angehören. Europa hat der Welt abscheuliche Beispiele der Menschenverachtung geliefert – von der Hexenverbrennung bis Auschwitz und noch danach –, aber auch große Vorbilder der Humanität. Eine der großen Leistungen des Abendlandes ist es, an der Entwicklung der Idee von der Würde des Menschen mitgearbeitet zu haben. Die Würde des Menschen ist keine wirtschaftliche Größe. Deshalb ist sie auch keine wirtschaftliche Sache, die wir der Globalisierung überlassen können. „Im Reich der Zwecke hat alles entweder einen Preis oder eine Würde. Was einen Preis hat, an dessen Stelle kann auch etwas anderes als Äquivalent gesetzt werden; was dagegen über allen Preis erhaben ist, mithin kein Äquivalent, das hat eine Würde" (Kant, Grundlegung zur Metaphysik der Sitten).

Das Ziel eines glücklichen Lebens in einer gelungenen Gesellschaft, das alte aristotelische Ziel, bleibt eine Aufgabe, die noch immer Menschen bewegt.

Eine Weltordnung, die vom Streben nach Gerechtigkeit und von der Sicherung vor der Überheblichkeit der Macht durch demokratische Machtverteilung inspiriert wäre, könnte der beste gemeinsame Beitrag von Amerika und Europa zur Sicherung des Weltfriedens sein.

Menetekel Fundamentalismus

Der Fundamentalismus ist zum Menetekel an den Wänden der modernen Welt geworden. Aber was ist das, was man Fundamentalismus nennt? Der Begriff „Fundamentalismus" ist relativ konfus. Ohne scharfe inhaltliche Kontur wird er zum Allzweckwort der weltweiten politischen Auseinandersetzung. Gerade durch seine inhaltliche Unbestimmtheit erklärt sich seine vielfache Verwendungsfähigkeit. Ursprünglich diente er zur Bezeichnung einer amerikanischen protestantischen Bewegung, die sich vor 100 Jahren um die Zeitschrift „The Fundamentals“ versammelte. Politische Sprengkraft erhielt das Etikett „Fundamentalismus“ allerdings erst durch die iranische Revolution Khomeinis. Fundamentalismus ist ein Feindbild, das auf den gesamten Islam übertragen wurde, obwohl Khomeini nur eine extreme Verkörperung von religiösem Fanatismus ist.

Sieht man von den vielfachen polemischen Einsatzmöglichkeiten des Wortes „Fundamentalismus“ ab, so bleibt als begrifflicher Kern ein politisierter Typus der Religion.

Warum aber für eine solche politische Religion oder für eine solche religiöse Politik plötzlich eine neue Nachfrage entstanden ist, kann der Begriff nicht begründen. Denn auch in den Verfassungen der Demokratien sind Gott und Religion nicht ausgegrenzt. Auch unser Grundgesetz beruft sich in der Präambel auf die „Verantwortung vor Gott“. Zu den verfassungsrechtlichen Freiheitsgarantien gehört die Religionsfreiheit. Politische Einmischung von Religionsgemeinschaften gehört zu den Selbstverständlichkeiten der Demokratie. Die Religionsfreiheit, die zu den Urbeständen der politischen Freiheit zählt, setzt jedoch voraus, dass keine der unterschiedlichen Religionen das Sinn- und Deutungsmonopol der Politik beansprucht, weil ein solches Monopol das Zusammenleben von Menschen verschiedener Religionsgemeinschaften unmöglich machen würde.

Diese Einsicht ist uns in Europa keineswegs geschenkt worden. Sie fiel nicht vom Himmel, sondern ist die Frucht jahrhundertelanger, erbitterter Religionskriege. Europa musste blutiges Lehrgeld zahlen, bevor es – aus Erfahrung klug geworden – die Religionsfreiheit akzeptierte und ein friedliches Zusammenleben von Menschen unterschiedlicher Religionszugehörigkeiten möglich wurde. In Irland sind sie heute noch nicht so weit, und im ehemaligen Jugoslawien schnitten sich Menschen noch in jüngster Zeit die Hälse ab, weil der andere einem anderen Glauben anhing. Das europäische Ross ist nicht sehr hoch, von dem wir auf Religionsfanatiker in anderen Religionen der Erde herabsehen könnten.

Friede zwischen den Religionen ist nötig. Religionstreue und Toleranz sind beide möglich und notwendig. Die Ablehnung des Fundamentalismus ist nicht an die Ablehnung von Religionen gebunden.

Der Fundamentalismus hat ein janusköpfiges Gesicht. Auf der einen Seite ist der Fundamentalismus ein Gegenbild, in das der Westen seine Selbstzweifel projiziert. Auf der anderen Seite ist der Fundamentalismus auch eine Gegenreaktion auf ein verweltlichtes westliches Projekt des Fortschritts, das auf Gott und Religion gänzlich verzichten zu können glaubte und seine Erfolge lediglich in Wachstums- und Sozialproduktszahlen maß. Der Fundamentalismus ist eine extreme Antwort auf eine Welt, in der Gott für tot erklärt wurde.

Der aufblühende Markt für Esoterik im Westen und der zunehmende Einfluss des Fundamentalismus im Islam sind vielleicht ein zwar untauglicher, aber verständlicher Versuch, auf die transzendentalen Löcher in einem „gottlosen Zivilisationsprojekt" kompensativ hinzuweisen. Es muss jedenfalls zum Nachdenken Anlass geben, dass die bevorzugten Quellgebiete des Fundamentalismus keineswegs in den analphabetischen Elendsquartieren der Dritten Welt zu finden sind, sondern eher in intellektuellen und begüterten Zirkeln, und der Fundamentalismus sich erstaunlich oft aus den technisch-naturwissenschaftlich gebildeten Eliten rekrutiert. Er erhält gerade aus jenen Kreisen Nachschub, die dem Anschein nach den personalen Fundus der Modernisierung technisch zurückgebliebener Länder bilden. Die Terroristen des 11. September 2001 brachten die Twin Towers des World Trade Center nicht mit Pfeil und Bogen zum Einsturz. Sie waren mit allem ausgestattet, was sie zur technisch-naturwissenschaftlichen Intelligenz zählen ließ – einschließlich Pilotenschein. Das Attentat zielte auf ein Monument der globalen Ökonomie und gegen ein Wahrzeichen neuzeitlicher Architektur in einer urbanen Hochleistungs-Zivilisation. Die Fundamentalisten zielten auf einen modernen Turmbau zu Babel, in dem sich ihrer Ansicht nach die Hybris einer gottlosen Welt manifestierte. Hat der Westen nicht mehr zu bieten als Technologie, nach der scheinbar alles möglich ist, und einen Fortschritt, der sich nur in materiellem „Wohlstand“ misst? Gilt nur „höher“, „weiter“, „schneller“?

Karl V. schickte seine spanischen Fregatten auf die Weltmeere mit der Devise: „Plus ultra“. Das war die Parole des europäischen Imperialismus. Jetzt, da alle Gebiete verteilt sind, Transzendenz als abgestorben erscheint, horizontale Expansion ohne Krieg schwer möglich und vertikale Aussichten in ein Jenseits versperrt sind, sucht der Westen seine Auswege im Wirtschaftswachstum. Wehe, wenn es ausbleibt. Je größer das Wachstum, um so besser. Das war auch der Ehrgeiz der Baumeister des Turms zu Babel. „Ich glaube an das Wachstum“ ist das säkularisierte westliche Credo. „Wachstum“ ist ein Mittel, das sich zum Ziel erhoben hat.

Das provoziert eine Rückfrage an die Politik, ob nicht ein politisches Verständnis, das sich lediglich als Management des Funktionellen begreift, den Frieden eher gefährdet als ihn sichert.

Wenn eine neue Rückbesinnung auf die philosophischen und religiösen Grundfragen des Menschen eine plurale, freiheitliche Politik nicht sprengen soll, können die Letztbegründungen der Politik zwar keine allgemeine Verbindlichkeit erlangen, aber religiöse Begründungen werden deshalb nicht irrelevant. Jürgen Habermas hat in seiner Frankfurter Friedenspreisrede darauf aufmerksam gemacht, dass das Projekt „Säkularisierung“ nicht in einem historisch luftleeren Raum stattfindet. „Die pluralisierte Vernunft des Staatsbürgerpublikums folgt der Dynamik der Säkularisierung nur insofern, als sie im Ergebnis zur gleichmäßigen Distanz von starken Traditionen und weltanschaulichen Inhalten nötigt. Lernbereit bleibt sie aber, ohne ihre Eigenständigkeit preiszugeben, osmotisch nach beiden Seitenhin geöffnet."

Auf der Ebene der Menschenwürde und Menschenrechte muss eine Einigung gesucht werden, auf die sich unterschiedliche religiöse Überzeugungen verständigen können. Zu dieser Basis der Gemeinsamkeit kann es unterschiedliche Begründungszugänge geben.

Der Weltfrieden kann nicht allein den Militärs und Konzernherren, den Ingenieuren und Medienspezialisten überlassen bleiben. Die Wissensgesellschaft sichert den Frieden noch nicht. Wir wissen mehr und lernen aus unseren Fehlern nichts. Ethos ist mehr als ein Wissensschatz, den man getrost nach Hause tragen kann. Der Westen hat viel er- und gefunden und darüber das Suchen verlernt.

Die globalisierte Welt bedarf eines Ethos, für dessen Entstehen auch die großen Weltreligionen Verantwortung tragen.

Nicht die religiös-kulturellen Differenzen sind die Gefahr für den Weltfrieden, sondern der politische Gebrauch, der von ihnen gemacht wird. Kleine Differenzen waren oft Grund für große Kriege, und große Differenzen haben das friedliche Zusammenleben nicht gefährdet. Der feine Unterschied zwischen Katholiken und Protestanten hat blutige Auseinandersetzungen ausgelöst, ebenso wie die kleine Differenz zwischen Sunniten und Schiiten, während trotz großer religiöser Unterschiede Muslime und Christen in Spanien lange Zeit friedlich miteinander lebten. Nicht die Differenz löst den Konflikt aus, sondern der Umgang mit ihr.

Frieden ist also keine Sache der Nivellierung von Differenzen, sondern der Fähigkeit ihrer Überbrückung. Der Fundamentalismus löst das Problem des Unterschieds durch Einebnung der Differenzen – notfalls mit Gewalt. Falsch verstandene Säkularisation ist eine Verdrängung der religiösen Differenzen ins Private.

Toleranz als wechselseitige Achtung

Eine pluralistische Friedensordnung ist mit Toleranz verknüpft, die nicht mit der Gleichgültigkeit gegenüber den religiös-kulturellen Unterschieden verwechselt werden darf. Toleranz eliminiert nicht Unterschiede, sondern respektiert sie.

Eine Politik für die Würde des Menschen erfordert ein hohes Maß an Toleranz, die nicht mit Beliebigkeit verwechselt werden darf. Toleranz verlangt Duldung dessen, was ich nicht billige. Sie fordert nicht Billigung dessen, dem ich nicht zustimme. Toleranz ist nicht Desinteresse an der Wahrheit. Es gibt Wahrheit – trotz der Unvollkommenheit unserer Wahrheitserkenntnis. Toleranz setzt nicht die Wahrheitssuche außer Kraft. Toleranz ist also nicht ein Surrogat der Wahrheit, sondern lediglich eine zivilisiertere Form des Umgangs der Wahrheitssucher miteinander. Toleranz ist eine Spielregel der Fairness. Das ist nicht wenig in einer Welt, in der sich seit eh und je die Menschen um des Glaubens willen an die Gurgel gingen. Toleranz heißt nicht „Verzicht auf Streit", sondern Verzicht auf Vernichtung. Es ist schon viel gewonnen, wenn die Kontrahenten auf gleicher Augenhöhe miteinander verkehren. Toleranz ist wechselseitige Achtung. Moscheen in christlichen Ländern und keine christlichen Kirchenbauten in islamischen Ländern sind zum Beispiel nicht Ausfluss von Toleranz, sondern ein asymmetrisches Defizit der Fairness auf muslimischer Seite.

Eine neue Form der Gleichgültigkeit, die eine Spießbürgertugend ist, würde dann entstehen, wenn alles gleich gültig wird. Es gilt, in einer Welt unterschiedlicher Gültigkeiten auf der Basis eines Mindeststandards von Menschenrechten Formen der Koexistenz und der Kooperation zu schaffen, ohne von der Utopie einer spannungslosen Weltgemeinschaft zu träumen.

„Der Mensch will Eintracht, aber die Natur weiß besser, was für seine Gattung gut ist: Sie will Zwietracht." (Kant: Ideen zu einer allgemeinen Geschichte in weltbürgerlicher Absicht.)

Friede ist also nicht die Ruhe des Friedhofs, sondern eine Freiheit, die sich im Konflikt bewährt, wenn der Konflikt nicht die Eliminierung des Kontrahenten zum Ziel hat. Die Balance zwischen Menschenrechten und gemeinsamer Verantwortung auf der einen Seite und Differenzen und Wettbewerb auf der anderen ist die Kunstform des Friedens.

Anerkennung des Anderen

Eine Politik für den Frieden basiert auf der Anerkennung des Anderen als Anderen.

Die Anerkennung des Anderen als Anderen beginnt – negativ – mit dem Gebot, dass niemand gedemütigt, kein Mensch in seiner Würde gekränkt werden darf. Avishai Margalit unterscheidet zwischen der „anständigen Gesellschaft“, in der „Institutionen“ die Menschen nicht demütigen, und einer „zivilisierten Gesellschaft“, in der „die Menschen“ einander nicht kränken. Bevor das Prinzip der Gerechtigkeit zu Hilfe gerufen wird, ist bereits der Anstand gefordert. Die Nürnberger Gesetze „gegen die Juden“ wie die Apartheitsgesetze „gegen die Schwarzen“ widersprachen bereits den Regeln des Anstandes, während die Misshandlungen etwa des schwarzen Autofahrers Rodney King durch die Polizisten in Los Angeles die Regeln der zivilisierten Gesellschaft brachen.

Eine nicht zivilisierte Gesellschaft ist also durchaus in einer anständigen Gesellschaft möglich – wie umgekehrt auch. Eine Gesellschaft der Anerkennung des Anderen fußt aber auf institutionellen und personalen Voraussetzungen. Womit wir wieder bei dem aristotelischen Zusammenhang zwischen Staats- und Tugendlehre angekommen sind.

Ernst Bloch hat sich in „Naturrecht und menschliche Würde“ tiefer in die Philosophiegeschichte gegraben. Als Kern aller Naturrechtstheorien betrachtet Bloch den Schutz der menschlichen Würde. Die spezifische Differenz des Naturrechts zu allen utilitaristischen Sozialutopien sieht Bloch darin, dass die Naturrechte „auf Würde, auf Menschenrechte, auf juristische Garantien der menschlichen Sicherheit oder Freiheit als Kategorien des humanen Stolzes“ gerichtet sind, während „die Sozialutopien vor allem auf Abschaffung des menschlichen Elends“ zielen. Man kann das Verlangen, Elend zu bekämpfen, nicht in Gegensatz bringen zur Forderung der Naturrechte. Dennoch wird der Einsatz für den „humanen Stolz“, der die Menschenwürde fundiert, aus einer anderen philosophischen Tradition gespeist als der Kampf für den Wohlstand aller. Sicherheit ohne Freiheit ist möglich.

Friede ist dauerhaft nur möglich in der Anerkennung der Würde des Menschen, die vor Missachtung und Erniedrigung geschützt werden muss. Das allerdings setzt positiv die Anerkennung des Anderen voraus. Die Selbstachtung der Menschen wird von der Anerkennung durch andere gestützt. Sie ist die Basis des Menschen- und Völkerrechtes.

Die Politik des Friedens ist das Kunststück, die Vorstellung von der Würde des Menschen aus unterschiedlichen Quellen zu speisen und dennoch zu einer allgemeinen Verbindlichkeit von elementaren Menschenrechten zu gelangen.

1. Menschenrechte fundiert von der Würde des Menschen,
2. Völkerrecht getragen von einer reziproken Moral,
3. Verantwortung für die „eine“ Welt – gespeist von einer Generationensolidarität, die zukünftige Generationen einbezieht

– das könnte ein neues Trio für die Zeit nach dem Krieg im Frieden sein.

Dieses Ziel ist eine „realistische Utopie“ (John Rawls), die zwar von der Wirklichkeit ausgeht, wie sie ist, aber weiß, dass die Realität nicht das Ende aller Möglichkeiten ist. Die Möglichkeiten des Friedens sind nicht beliebig, sondern in der Wesensnatur des Menschen angelegt. Wir können unser Menschsein verfehlen. Ab- und Aufstieg der Menschheit sind möglich. „Ewiger Friede“ ist ein noch nicht erreichtes, aber erstrebenswertes Ziel.

Die Renaissance des alten Europa

„Von hier und heute geht eine neue Epoche der Weltgeschichte aus, und ihr könnt sagen, ihr seid dabei gewesen", so tröstete Johann Wolfgang von Goethe am Abend nach der Schlacht von Valmy 1792 die von den französischen Revolutionstruppen geschlagenen Offiziere der Alliierten. Es begann der Triumphzug des Nationalismus, und der endete bekanntlich im gewaltigen Aufbruch des nationalsozialistischen und sowjetischen Totalitarismus. Jetzt stehen wir vor den Trümmern dieser Epoche. Hätte Goethe seine Prophezeiung von der neuen Epoche auch am 9. November 1989 gesprochen oder am 11. September 2001? Was jedoch sicher ist: Das nationalstaatliche Europa wird nicht so wiederauferstehen, wie es einmal war. „Man steigt nicht zweimal in denselben Fluss", wusste schon Heraklit. Am Ende einer Zeit, in der Europa in den Mühlen der Geschichte fast zermalmt, eingespannt in den bipolaren Ost-West-Gegensatz, geteilt von einem Eisernen Vorhang war, erwacht Europa wie nach einem bösen Traum. Es beginnt ein neuer Abschnitt.

Gelingt eine Renaissance des alten Europa? Rumsfeld versuchte im Irak-Krieg zwischen einem „alten" Europa und einem „neuen" zu unterscheiden, was politisch borniert und historisch stupide war. Es wird nur ein neues Europa geben, das sich auf seine besten alten Traditionen besinnt: Ein Erdteil also, der seit über 2000 Jahren um die Idee der Menschenwürde kämpft und doch in allen Wirrungen und selbst in Abgründen diese Idee nie aus dem Gedächtnis verloren hat.

Die Vereinigten Staaten selbst haben ihr Mutterland im alten Europa, das auch das Geburtsland der Idee der Freiheit ist. Bis in die jüngste Geschichte gewährten die Amerikaner jenen Zuflucht, die der Freiheit wegen ihre Heimat verlassen mussten. Die USA wurden der Rettungshafen für die „alten Europäer": Einstein, Thomas und Heinrich Mann, Adorno und Horkheimer und viele andere mehr.

Ein neues Europa, das sich vom alten „Europa“ abkoppeln würde, hätte sich auch von den besten Ideen Amerikas entfernt. Ganz anders, als Rumsfeld annahm, könnte ein neues Europa, das sich vom alten emanzipiert, gar nicht der Partner jener Vereinigten Staaten sein, deren Gründungsdokument die Menschenrechte sind. Europa ist nicht nur abhängig von Amerika, sondern Amerika auch von Europa, und das gilt in einem Sinne, der sich nicht in Handelsbilanzen ausdrücken lässt.

Die Geschichte ist immer voller Überraschungen, denn die Geschichte geht nie zu Ende. Die These vom Ende der Geschichte, die Francis Fukuyama verkündete, gehört eher in den chiliastischen Traditionsstrang, der zu den Irrwegen des alten Europas gezählt werden muss, auf denen nach den totalitären „Endlösungen“ gesucht wurde, für die Auschwitz eine schreckliche Realisierung ist.

Kann man aus der Geschichte lernen? Aus Erfahrung klüger werden? Wenn Europa seine Kraft nicht auf nationale Prestigeobjekte konzentriert und nicht in Kriegen verschleudert, könnte es der Welt das Beispiel geben, dass Vielfalt Einheit nicht gefährdet, wenn die Einheit durch eine gemeinsame Idee fundiert wird.

Die Idee des alten Europa ist die Würde des Menschen, die es durch alle Veränderungen hindurch zu bewahren gilt. Die Renaissance der Idee von der Würde des Menschen ist der beste Beitrag nach vielen grausamen Kriegen zum „Ewigen Frieden“.

Nach dem Krieg – vor dem Krieg?

Was auf Dauer Gerechtigkeit und Frieden garantiert

von Heiner Geißler

Wenn wir Glück haben, passt der Titel dieses Buches auch für die nähere Zukunft. Es kann aber auch sein, dass es in sechs Monaten heißt: Nach dem Krieg – *vor* dem Krieg.

Was wird aus dem Irak und dem Nahen und Mittleren Osten, nachdem Saddam Hussein gestürzt wurde? Die irakische Diktatur war ein übles Terrorregime. Aber das Land hatte vor den beiden letzten Golfkriegen ein ausgebautes Gesundheitswesen, eine funktionierende Verwaltung, eine intakte Infrastruktur und einen Frauenanteil von 50 Prozent an den irakischen Universitäten.

Wird der Irak ein ähnliches Schicksal erleiden wie Afghanistan nach dem Sturz der Kommunisten oder der Iran nach dem Zusammenbruch des Schahregimes? Wie müsste eine Weltwirtschaftsordnung und eine Weltfriedensordnung aussehen, die dies verhindert und auf Dauer Gerechtigkeit und damit Frieden garantiert?

Die Entwicklung im Irak

Ende der 60er Jahre hatte die Arabisch Sozialistische Baath-Partei als Folge des verlorenen 6-Tage-Krieges gegen Israel die Macht übernommen. 1979 kam Saddam Hussein an die Spitze des Staates. Obwohl er einen israelfeindlichen Kurs verfolgte, wurde der Irak im ersten Golfkrieg zwischen Irak und Iran nicht nur von China und Russland, sondern auch von Frankreich und später von den Vereinigten Staaten militärisch und ökonomisch unterstützt. Der Iran war und blieb in den Augen der Vereinigten Staaten der Schurkenstaat Nr. 1 im Nahen und Mittleren Osten. Der jetzige Verteidigungsminister Donald Rumsfeld war mehrfach in den Irak gereist und hatte Saddam Hussein besucht, obwohl der Irak schon damals Giftgas gegen iranische Truppen und später auch gegen die Kurden im Norden des Landes eingesetzt hatte. Erst nachdem der Irak 1990 Kuweit besetzt hatte, wandten sich die Vereinigten Staaten gegen die irakische Führung, fügten zusammen mit anderen Ländern dem Irak eine schwere Niederlage zu und zwangen ihn, Kuweit zu räumen. Anfang März 1991 kam es zum Aufstand der schiitischen Muslime im Süden des Irak und der Kurden im Nordirak. Der damalige Präsident George Bush hatte die Gegner Saddam Husseins während des zweiten Golfkrieges zum aktiven Widerstand gegen den Diktator aufgefordert. Die Rebellion wurde jedoch von den Einheiten der „republikanischen Garden" blutig beendet, ohne dass die Vereinigten Staaten bereit gewesen wären, den von ihnen mobilisierten Aufständischen in irgendeiner Form zu helfen.

Das nach dem zweiten Golfkrieg beschlossene Wirtschafts- und Handelsembargo gegenüber dem Irak mit dem Ziel, dort die Abrüstung zu erzwingen, führte zu einer wachsenden Verarmung und hoher Sterblichkeit, auch von Kindern. Die Abrüstung des Irak wurde von der UNO mit unterschiedlichen Ergebnissen durch Inspektoren kontrolliert. Über lange Zeit wurden die Kontrollen auch ausgesetzt. Im Irak nahmen die Menschenrechtsverletzungen zu, die Lebensmittelknappheit verschärfte sich; die Inflation, die zum Beispiel 1992 etwa 2000 Prozent betrug, hatte zur Folge, dass ein rigoroses staatliches Rationierungssystem eingeführt wurde. Saddam Hussein konnte sich in den 90er Jahren nur dadurch an der Macht halten, dass er mehrere Aufstände, darunter eine Militärrebellion, an der auch seine Schwiegersöhne beteiligt waren, brutal niederschlagen ließ.

Es ist unbestritten, dass Hunderttausende, ja sogar Millionen von Irakis den Einmarsch der Amerikaner und den Sturz Saddam Hussein begrüßt hatten. Nur eine kleine Minderheit wünschte sich eine Rückkehr Saddam Husseins, der jedoch verschwunden ist und um den sich ein immer größerer Mythos aufbauscht. Die Freude über den Sieg der Amerikaner und Briten ist jedoch rasch einer immer stärker wachsenden Ablehnung, ja sogar Feindseligkeit gewichen. Wie sollen sich auch die Irakis befreit fühlen, wenn seit dem Sturz des Diktators das Chaos immer größer wird? Viele Läden sind nach wie vor geschlossen, weil die Besitzer Angst vor Plünderern haben. Die Unsicherheit auf den Straßen Bagdads nimmt zu, Studentinnen trauen sich aus Furcht vor einer Entführung oder Vergewaltigung nicht mehr in die Universität. Wenn es Nacht wird und der Strom aussetzt, hören die Einwohner von Bagdad nach wie vor heftige Schießereien. Immer mehr Iraker machen die Amerikaner für diese elende Gegenwart verantwortlich. Seit Mitte des Jahres 2003 wird der Gestank von Fäulnis und Verwesung, der durch die Straßen Bagdads weht, immer unerträglicher. Schutt und Scherben, Fliegen und Ungeziefer beherrschen heute die Rashid-Straße, wo früher einmal das Herz der Bagdader Geschäftswelt schlug, schreibt Peter Münch, der Korrespondent der „Süddeutschen Zeitung". Obwohl Saddam verschwunden ist, ist seine Herrschaft nicht zerstört. Mindestens 1,5 Millionen der 24 Millionen Iraker waren Mitglieder der Baath-Partei. Alle, die etwas geworden waren in Saddams Reich, sei es in den Ämtern, in den Universitäten, in den Schulen oder Krankenhäusern, mussten Mitglied sein. Nichts ging ohne die Baath-Partei, und der Eindruck verstärkt sich, dass sich daran nach dem Sturz Saddams nichts geändert hat. Die Partei ist in ihren Kadern und Organisationsstrukturen offensichtlich noch vorhanden. Doch es funktioniert nichts mehr, weder das öffentliche Gesundheitswesen noch die Polizei noch die Verwaltung.

Ein besonderes Problem sind die Exilanten, die vom Ausland aus gegen das Saddam-Regime gekämpft und die sich jetzt in den besseren Teilen Bagdads eingerichtet haben. Sie bilden die eine Gruppierung, die in Bagdad an die Macht will. Sogar die Kommunisten haben ihre Fahne an einem alten Amtsgebäude am Tigris wieder gehisst. Bemerkbar machen sich vor allem die Gotteskämpfer, die aus dem Irak einen Gottesstaat machen wollen. Seit Mitte 2003 gibt es einen Führungsrat, mit dem die Amerikaner verhandeln. Dazu gehören die beiden großen Kurden-Parteien, die schiitischen Fundamentalisten und der irakische Nationalkongress (INC) des Vorsitzenden Ahmed Tschalabi, der von den Amerikanern gefördert wird. Sie alle sind einander zu einem großen Teil persönlich bekannt und nennen sich Brüder, aber ihr erster gemeinsamer Nenner lautet: Irak den Irakern. In allen anderen Fragen sind sie vollkommen zerstritten.

Aus allen Ecken ist der Vorwurf zu hören, die Amerikaner würden das Chaos im Irak selbst züchten, um es allein bekämpfen zu können. Dahinter stecke die Absicht, endgültig den vollen Zugriff auf das Land und seine Ölvorkommen zu rechtfertigen.

Zum immer größeren Problem werden jedoch die Fundamentalisten unter den Schiiten, die 60 Prozent der Bevölkerung ausmachen. Zieht man die Kurden ab, die erfolgreich auf eine Autonomie im Norden des Landes hinarbeiten, dann ist das Verhältnis zwischen Schiiten einerseits und Sunniten und Christen andererseits sogar 75 Prozent zu 25 Prozent.

Der führende Mann der Schiiten ist Abdulasis el-Hakim. In der Bagdader Ziwiya-Moschee predigt er einem willigen und aufgeschlossenen Publikum, dass die Amerikaner nur noch eine Nebenrolle zu spielen hätten. Im siebenköpfigen Führungsgremium des irakischen Nationalkongresses (INC) vertritt er den obersten Rat für die islamische Revolution im Irak (Scire). Er verfügt über eine eigene Miliz von 15 000

Kämpfern und hat die geistliche Autorität seines Bruders an der Seite, nämlich des Ajatollah Mohammed Bakr el-Hakim. Bakr el-Hakim hatte die Diktatur Saddam Husseins im iranischen Exil überlebt und ist im Triumph zurückgekehrt. Sein Bild ist in manchen Stadtteilen Bagdads inzwischen so häufig zu sehen wie früher die Plakate mit dem Konterfei des Diktators. Er und sein Bruder Abdulasis lassen in ihren Predigten keinen Zweifel an ihren Zielen: „Niemand soll unsere Freiheit durch seine Anordnungen behindern." „Wir werden", so heißt es in einer dieser Predigten, „eine Regierung haben, die den Islam respektieren muss." Hawsa, der Gelehrtenrat in der heiligen Stadt Nadschaf, die höchste religiöse Autorität für alle Schiiten, ist in den Augen dieser Gruppe auch die oberste Institution im Irak.

Bakr el-Hakim spricht das aus, was im Grunde genommen eine Demokratisierung des Irak, wie sie den Amerikanern und Briten vorschwebt, unmöglich macht. „Bei uns gibt es keinen Unterschied zwischen Religion und Politik", predigt er nicht nur in der Moschee. Er erklärt dies auch öffentlich. „Schon der Prophet Mohammed", so sagt er völlig richtig, „war spiritueller und politischer Führer." In einem Interview mit dem „Spiegel" stellte er ungeniert die Forderung auf, in dem neuen Irak auch die islamische Rechtsordnung, die Scharia, wieder einzuführen. Er fordert Stockschläge für Muslime, die Alkohol trinken. Selbstverständlich werde von den Frauen verlangt, wieder ein Kopftuch zu tragen. Straßenhändler und Ladenbesitzer werden von ihm und seinen Anhängern aufgefordert, Frauen, die ohne Kopftuch ihren Laden betreten, nicht mehr zu bedienen. Zur Beruhigung der westlichen Beobachter werden vorläufig verharmlosende Einschränkungen gemacht: Der Irak sei etwas anderes als der Iran und das Ajatollah-Regime im Iran werde nicht 100–prozentig kopiert werden.

Wenn man sich die Frage stellt, warum die radikal-Religiösen Gruppierungen einen immer größeren Zulauf haben, dann gibt es eine einfache Antwort: Sie profitieren vor allem vom zivilen Versagen der Amerikaner. Diese haben einen militärisch überlegenen Sieg errungen, aber sie sind offenbar nicht in der Lage, eine Friedensordnung aufzubauen. Die aber ist die Voraussetzung dafür, dass die Irakis auch eine politisch-demokratische Ordnung akzeptieren.

Afghanistan – ein warnendes Beispiel

Eigentlich hätten die USA gewarnt sein müssen. Norbert Blüm und ich waren die ersten Abgeordneten des Deutschen Bundestages, die nach dem 11. September 2001, an dem die Twin Towers mit von Islamisten gekaperten Verkehrsflugzeugen zum Einsturz gebracht worden waren, Afghanistan besuchten. Norbert Blüm hatte zusammen mit Rupert Neudeck versucht, vom Norden her über den Grenzfluss zwischen Afghanistan und Kasachstan in dieses von Bürgerkriegen zerwühlte Land zu kommen. Ich landete am 3. Februar 2002 zusammen mit vier Mitgliedern des Ausschusses für Menschenrechte und humanitäre Hilfe in Kabul. Kurz vor uns waren die ersten Vorauskommandos der Bundeswehr, die in Kabul stationiert werden sollten, ebenfalls eingetroffen. Der Flughafen war nur beschränkt benutzbar; überall lagen zerschossene Panzerwracks und abgestürzte Flugzeugteile auf dem Gelände herum.

Ein Hauptkritikpunkt an den von den Taliban verursachten Verhältnissen in Afghanistan war die totale Diskriminierung der Frauen, die sogar dazu geführt hatte, dass Mädchen nicht mehr in die Schule durften. Symbol dieser Unterdrückung war der Zwang, eine Burqa zu tragen, ein schwarzes oder dunkelblaues Gewand, das die Frauen von Kopf bis Fuß verhüllt. Der Sehschlitz in Augenhöhe ist vergittert: die Frau trägt sozusagen ihr eigenes Gefängnis mit sich herum. Das war nicht immer so. Wie im Irak bis zur Zeit Saddam Husseins war Afghanistan bis zum Sturz des Königs Sahir Schah Mitte der 70er und auch noch während der Herrschaft der kommunistischen Partei bis Mitte der 80er Jahre eine relativ aufgeklärte Gesellschaft mit Modernisierungszielen, ein Land mit hohem Studentenanteil, darunter auch vielen Frauen. Das nahm ein Ende, als in den 90er Jahren die Kommunisten durch die Mudschaheddin vertrieben worden waren, die ihrerseits die Macht wieder an die Taliban-Milizen 1996 abgeben mussten.

Der Terror eines Gottesstaats

Die Taliban-Bewegung hatte sich unter den 3,5 Millionen Flüchtlingen in den pakistanischen Grenzregionen Belutschistan und der Nord-West-Frontier-Province, vor allem in Qetta und Peshawar gebildet. Soziale Basis waren die Madrasas, konservative Koranschulen, die in Pakistan unter der Mililtärherrschaft Zia-ul-Haqs einen Boom erlebten und von Saudi-Arabien finanziert wurden. Die Vereinigten Staaten unterstützten die Mudschaheddin und später die Taliban mit Geld und modernen Waffen und trugen so maßgeblich dazu bei, dass es den Taliban gelang, die Sowjets zu vertreiben und ein Reich der Gotteskrieger in der Form einer klerikalen Militärdiktatur zu errichten, in der die Menschenrechte mit Füßen getreten wurden.

Dieser Gottesstaat wurde nach dem islamischen Recht, der Scharia, regiert. Die Bevölkerung wurde von bärtigen Milizionären wie Vieh behandelt, mit Peitschenhieben und Stockschlägen durch die Straßen getrieben. Musikhören oder Musizieren war verboten, Tanzen sowieso, Fußballspielen auch. Ebenso Fernsehen, Kino und Videokassetten. Der Besitz von Fotoportraits galt als Götzenverehrung. Der Gebrauch von Taschen, Tüten und Säcken aus Papier wurde untersagt, weil nicht auszuschließen sei, dass sie aus Altpapier hergestellt seien, auf dem Worte aus dem Koran gestanden hätten. Nur noch Plastiktaschen waren erlaubt. Die Universität in Kabul wurde auf Dauer geschlossen. Die Taliban hatten die Schließung der Mädchenschulen angeordnet und den Frauen die

Berufstätigkeit verboten. Dies galt auch für die ca. 50 000 Kriegswitwen, die ihre Kinder nicht ernähren konnten und vom Hungertod bedroht waren. Frauen, die sich aus Not in die Prostitution verkauft hatten, weil ihnen keine andere Möglichkeit zum Überleben mehr blieb, wurden gesteinigt. Ohne männliche Begleitung durfte sich keine Frau in der Öffentlichkeit blicken lassen.

Die 18-jährige Sobeida war für ihren Hochzeitstag festlich gekleidet und dann mit der vorschriftsmäßigen Burqa völlig verhüllt worden. Die Mutter hatte ihr zur Feier des Tages die Fingernägel rot lackiert. Die Familie der Braut war mit dem Auto unterwegs zum Haus des Bräutigams. Die Braut legte in der Hitze ihre Hand ans Fenster, so dass ein roter Fingernagel unter der Burqa hervorschaute. Eine Sittenpolizei-Patrouille sah das, holte das Mädchen aus dem Auto und hackte ihr auf offener Straße den Finger ab. Diese und ähnliche Barbareien waren Alltag in Kabul.

Als ich bei meinem Besuch in Kabul mit Frauen sprechen konnte, die inzwischen wieder in den Krankenhäusern arbeiteten, fragte ich sie, warum die Frauen nach dem Sturz der Taliban immer noch mit der Burqa herumliefen. „Wir haben Angst vor den vertierten Männern“, war die Antwort. „Die Burqa schützt uns vor ihren Blicken. Sie können nicht feststellen, ob es sich um eine junge oder alte Frau handelt, wenn wir ihnen auf der Straße begegnen.“

Die Notwendigkeit politischer Lösungen

Diese Politik im Namen Allahs war durch die westliche Vormacht, die Vereinigten Staaten von Amerika, ermöglicht worden. Die Gotteskrieger galten den USA zunächst als Freiheitskämpfer gegen die Sowjets, und später bildeten sie ein Bollwerk gegen den ursprünglichen und eigentlichen Schurkenstaat: den Iran. Außerdem war und ist der Zugang zu den Rohstoffquellen in Mittelasien nur durch Afghanistan möglich. Schon 1996 stritten sich die amerikanischen Ölmultis Unocal und Delta-Oil auf der einen Seite und die argentinisch-saudi-arabische Gesellschaft Bridas auf der anderen Seite um den Zuschlag, die mittelasiatischen Erdölvorkommen in Kasachstan ausbeuten zu können. Voraussetzung dafür war eine Pipeline, die durch Afghanistan bis ins pakistanische Karachi gebaut werden musste. Mit Hilfe der Taliban sollte es gelingen, eine Pipeline von Usbekistan durch Afghanistan und Pakistan bis zum indischen Ozean zu legen. Die Russen und die Iraner wären so aus dem Spiel gewesen.

Am Ende dieser Entwicklung stand, dass die Taliban unter Führung von Mullah Omar sich mit Al-Quaida verbündeten. Diese Verbindung bildete auf jeden Fall den finanziellen und psychologischen Hintergrund für die Anschläge auf das World Trade Center. Afghanistan ist bis heute nicht befriedet.

Auch die Sowjetunion hatte die Erfahrung machen müssen, dass eine erfolgreiche militärische Intervention ohne anschließende dauerhafte politische Lösung zur Niederlage mit massiven politischen Konsequenzen wird. Der schmachvolle Rückzug der sowjetischen Armee aus Afghanistan mit ca. 100 000 Toten hat nicht zuletzt auch zum Zusammenbruch der Sowjetunion geführt.

Solche Erfahrungen geben zu denken: So stellt sich nach Beendigung der militärischen Auseinandersetzung im Irak die Frage, ob bei solchen Perspektiven der Krieg überhaupt hätte geführt werden dürfen, zumal der Krieg ja noch gar nicht beendet ist. Mitte Juni 2003, sechs Wochen, nachdem US-Präsident George W. Bush das Ende der Kampfhandlungen verkündet hatte, kam es zu Kampfhandlungen zwischen amerikanischen Soldaten und Irakis. Dabei wurden hundert Iraker getötet. Der militärische Einsatz richtete sich gegen Anhänger der Baath-Partei, paramilitärische Gruppen und „andere subversive Elemente“, wie das US-Oberkommando mitteilte. Zur gleichen Zeit wurden bei einer Razzia in der Nähe der nordirakischen Stadt Kirkuk 74 mutmaßliche Sympathisanten des Terrornetzwerkes El-Quaida festgenommen. Ebenfalls im Juni hatten US-Streitkräfte auf einer Tigrishalbinsel bei Balad 400 mutmaßliche Baath-Anhänger und Paramilitärs gefangen, von denen nur 100 wieder freigelassen wurden. Am 24. Juni wurden fünf britische Soldaten nördlich von Basra von Untergrundkämpfern erschossen. Inzwischen werden fast jeden Tag US-Soldaten getötet. Das sind Momentaufnahmen Mitte 2003.

Die Jesuiten und der Tyrannenmord

Seit etwa 2000 Jahren beschäftigten sich die Philosophen und später die Theologen mit der Frage, wann es gerechtfertigt sei, gegen einen anderen Staat Gewalt anzuwenden, also Krieg zu führen. Man kann diese Frage, ohne die Problematik zu verändern, im Übrigen auch ausdehnen auf das Problem, das vor allem die Jesuiten im 17. Jahrhundert beschäftigte: ob es erlaubt sei, einen Tyrannen zu töten. Die Väter der Gesellschaft Jesu kamen zu dem Ergebnis, dass dies unter bestimmten Umständen gerechtfertigt sein könne. Dies musste der Jesuitenorden bitter büßen, weil die Legitimierung des so genannten Tyrannenmordes von den Bourbonenkönigen in Portugal und Spanien völlig zu Recht als direkte Herausforderung und Provokation verstanden wurde. Durch massiven politischen Druck traf Papst Clemens XIII. eine der schwerwiegendsten Fehlentscheidungen der katholischen Kirche, nämlich das Verbot des Jesuitenordens 1773. Die analytische Kraft und die intellektuelle Stärke der katholischen Kirche wurden dadurch auf Jahrzehnte geschwächt, was unter anderem dazu führte, dass achtzig Jahre später Papst Pius IX. sich nicht mit den säkularen Problemen der Industrialisierung und der damit verbundenen alten sozialen Frage befasste, sondern deren Beantwortung Marx und Engels überließ und sich stattdessen im Syllabus kritisch mit der Aufklärung auseinander setzte und für das Verbot der Meinungs- und Informationsfreiheit eintrat. So schlimm ist die Kirche nur im 3. und 4. Jahrhundert bei der Adaption der Irrlehre der Gnosis auf die schiefe Bahn geraten.

Wann ist ein Krieg berechtigt?

Man muss das Rad nicht immer neu erfinden. Die Frage, wann ein Staat gegen einen anderen Gewalt anwenden darf, ist in ihrer moralischen Substanz zeitlos. Deshalb lohnt es sich, die Diskussion der letzten 2000 Jahre zu diesem Thema zu rekapitulieren. Eine ernst zu nehmende Debatte über die Frage der Berechtigung eines Krieges begann mit Cicero, der im 3. Buch seiner Schrift *De re publica* zwei Gründe nennt, die einen Krieg der Römischen Republik gegen andere Staaten rechtfertigen sollten. Er nannte zuerst das Recht auf Abwehr eines feindlichen Angriffs, aber dann auch das Recht, ein von den Gegnern Roms begangenes Unrecht zu bestrafen und auf diesem Weg die Gerechtigkeit wieder herzustellen. Er reduzierte das Recht, Kriege zu führen, auf diese beiden Gründe. Er fügte allerdings noch drei Handlungskriterien hinzu, so genannte *iura belli*, an denen sich die Staaten orientieren sollten.

Hier begegnet uns zum ersten Mal der Vorschlag, dass ein Krieg immer nur die ultima ratio, also die letzte Möglichkeit sein dürfe, um einen Streit zu schlichten oder Unrecht zu beenden. Für Cicero ist der Krieg aber auch niemals Selbstzweck, sondern stets nur Mittel zum Frieden und zur Durchsetzung von Gerechtigkeit. Drittens nennt er als Bedingung, dass ein Krieg niemals geführt werden dürfe, um zu erobern oder Beute zu machen, auch nicht, um sich zu rächen, sondern eben ausschließlich und allein, um die Gerechtigkeit wieder herzustellen.

Augustinus und Thomas von Aquin sahen sich als christliche Theologen mit der biblischen Aufforderung zur Gewaltlosigkeit konfrontiert und versuchten, diesem Dilemma gerecht zu werden. Da die Moraltheologie seit den Kirchenvätern des frühen Christentums mehr oder weniger vom Sündenwahn beherrscht wurde, stellte Thomas konsequenterweise die Frage, ob Kriegführen denn eine Sünde sei. Nach seiner Auffassung grundsätzlich ja, aber er kommt nicht darum herum, diesen angeblichen Kern der christlichen Morallehre durch Vernunftgründe zu modifizieren. Dies wäre eigentlich gar nicht notwendig gewesen. Denn auch nach der Bergpredigt ist es möglich, sich mit Gewalt zu wehren.

Die Lehre vom Wadi el Kelt

Der jüdische Bibelforscher Pinchas Lapide hat kritische Stellen des Neuen Testaments ins Aramäisch-Hebräische rückübersetzt. Demnach steht das Liebesgebot, analog zu den identischen Aussagen im Alten Testament, nicht im Akkusativ, sondern im so genannten dativus ethicus, den es in den modernen Sprachen, auch im Lateinischen und Griechischen, nicht gibt. „Liebe deinen Nächsten" und „liebe deinen Feind" bedeutet daher nicht ihn zu lieben, wie man einen Mann, eine Frau oder seine Kinder liebt. Der dativus ethicus, den man nicht übersetzen kann, heißt richtig umschrieben vielmehr: Tue dem Nächsten etwas Gutes, tue ihm etwas Liebes. Und dasselbe gilt auch für die Feindesliebe. Gehe mit dem Gegner vernünftig um, mache möglicherweise sogar eine Vorleistung. Sozusagen als authentische Interpretation des Gebotes der Nächsten- und Feindesliebe fordert Jesus die Juden auf, dem römischen Soldaten das Gepäck nicht eine Meile, sondern zwei Meilen zu tragen – eine Erkenntnis, die der modernen Aggressions- und Friedensforschung entstammen könnte. In dem Beispiel aus dem Wadi el-Kelt, das Jesus erzählte, antwortete der Pharisäer auf die entsprechende Frage von Jesus, wer von den Dreien – der Samariter, der Priester und der Levit – für den Ausgeplünderten der Nächste sei, völlig richtig: der, der barmherzig zu ihm war. Dies bedeutet, dass jedermann der Nächste ist für denjenigen, der sich in Not befindet. Und dies kann eben unter Umständen auch bedeuten, dass

Nothilfe geleistet werden muss. Wäre der Samariter eine halbe Stunde früher in den Canyon hinabgestiegen und wäre er Zeuge des Überfalls geworden, hätte er selbstverständlich im Sinne der Nächstenliebe dem Überfallenen helfen müssen, notfalls auch mit einem Prügel in der Hand. Der Vorschlag, auch die andere Backe hinzuhalten, wenn man auf die eine geschlagen worden ist, ist als allgemein verbindliche Norm gänzlich ungeeignet, denn man kann ja immer nur seine eigene Backe hinhalten, aber nicht die des Nachbarn oder die des Freundes. Der Satz „Man soll dem Bösen nicht widerstehen", ist kein authentisches Wort Jesu, sagen die Bibelwissenschaftler. Das ist sehr plausibel, weil der Satz im Gegensatz zu der zentralen Antwort steht, die Jesus mit dem Samariterbeispiel auf die Frage nach dem Nächsten gegeben hat.

Kriterien der Vernunft

Thomas von Aquin hätte also die Bergpredigt gar nicht in einen Gegensatz zur Vernunft bringen müssen. Die Kriterien der Vernunft, die er aufführt, sind nichts anderes als eine Weiterentwicklung der Gedanken von Cicero. Er nennt als Voraussetzung für einen Krieg einen legitimen Grund, also eine iusta causa. Zweitens taucht bei ihm zum ersten Mal die Forderung nach einem vernünftigen politischen Ziel auf, das ein Krieg haben müsse. Er nannte diese Bedingung *recta intentio,* also die richtige Absicht. Wir würden heute sagen: eine politische Lösung. Drittens nennt er eine Bedingung, die später alle folgenden Kriegstheorien und die neuzeitliche Souveränitätsdebatte beeinflussen sollte, dass nämlich der Krieg von einer legitimen politischen Autorität angeordnet sein müsse. Das war aus der damaligen Zeit heraus durchaus verständlich, weil damals Raubrittertum und Faustrecht in der mittelalterlichen Gesellschaft an der Tagesordnung waren. Die neuzeitlichen Theoretiker des 16. und 17. Jahrhunderts ernannten aber gerade dieses Kriterium zur Hauptbedingung, indem sie die anderen beiden Gründe theoretisch ad absurdum führten. Sie stellten nämlich die Frage, wie die Lösung eigentlich aussehe, wenn beide Kriegsparteien sich auf einen gerechten Grund berufen könnten. Hugo Grotius ließ daher die Kriterien der *causa iusta* und der *recta intentio* völlig fallen und begründete das Recht, Krieg zu führen, ausschließlich in der Souveränität des Staates, dem das *ius ad bellum* eo ipso zustünde. Diese Gedanken lagen im Übrigen auch dem Westfälischen Frieden von 1648 zugrunde. Deswegen hatte z. B. Kissinger, als die amerikanische Administration ihren Irak-Krieg mit der Berufung auf Gott begründete, cool konstatiert: „Jetzt verlassen wir Westfalen." Erst 1945, nach dem eklatanten Missbrauch der Souveränität durch das nationalsozialistische Regime und den von diesem begangenen Kriegsverbrechen, waren aus dem Scheitern des positivistischen Völkerrechtes erste Konsequenzen gezogen worden.

Die Rolle der UNO

Die Genfer Konvention präzisierte die rechtlichen Regelungen während der Kriegführung (*ius in bello*) und in der Charta der Vereinten Nationen wurde den Mitgliedsstaaten das Recht zum Krieg, also das *ius ad bellum* genommen. Der Artikel 2 der UN-Charta untersagt den Mitgliedsländern nicht nur die Anwendung, sondern sogar die Androhung von Gewalt in ihren internationalen Beziehungen. Das Souveränitätsrecht, Gewalt anzuwenden, wurde auf den Sicherheitsrat übertragen. Allerdings wurden in Artikel 51 die Argumente von Cicero und Thomas von Aquin wieder aufgenommen, indem die Charta „von einem naturgegebenen Recht" – also einer *iusta causa* – eines jeden Mitglieds der UN zur individuellen oder kollektiven Selbstverteidigung spricht. Dieses Recht wird aber zeitlich befristet und von einer Entscheidung des Weltsicherheitsrates abhängig gemacht. Dieser geriet daher in die Rolle der *auctoritas* des Thomas von Aquin.

Für viele Menschen wurde so die UNO zu einer wichtigen Station auf der Straße zu einer global gültigen Rechtsordnung. Und in der Tat haben vor allem die Unterorganisationen der UNO – von UNHCR und UNICEF oder UNEP, dem von Klaus Töpfer geleiteten Umweltprogramm – die Bedingungen des Lebens auf dieser Erde verbessert. Aber in den eigentlichen Fragen von Krieg und Frieden sowie der Verletzung der Menschenrechte hat sich so gut wie nichts geändert. Der Konflikt um den Irakkrieg hat das offenkundig gemacht.

Vor allem die Kerninstitution der UNO, der Sicherheitsrat, ist zur größten Barriere auf dem Weg zu einer globalen Rechts- und Friedensordnung geworden. Was ist von einer Institution zu halten, die zwar strafbewehrte Resolutionen gegen den Irak beschließt, aber nicht in der Lage ist, die meisten Beschlüsse für eine Friedensordnung im benachbarten Palästina, dem Zentralproblem des Nahen und Mittleren Ostens, durchzusetzen oder sich überhaupt zu Tschetschenien oder Tibet zu äußern? Massenmörder und brutale Menschenrechtsverletzer gibt es nicht nur im Irak. Vertreter dieser Spezies sitzen mit Vetorecht in diesen Gremien und gehören, obschon Staatsterroristen, zu den engsten Verbündeten des amerikanischen Präsidenten in seinem berechtigten Kampf gegen den Terrorismus. Aber sie sind selber Teil dieses Terrorismus. So ist auch der Sicherheitsrat zur Falle für die Glaubwürdigkeit der westlichen Demokratien geworden. Und es ist nur folgerichtig, dass – von Osttimor abgesehen – nicht die UNO, sondern die NATO die stabilisierende Rolle zum Beispiel auf dem Balkan oder in Afghanistan spielt.

Infolgedessen wurde genau dieser Punkt zur zentralen Streitfrage zwischen den Vereinigten Staaten auf der einen Seite und dem Sicherheitsrat bzw. der UNO auf der anderen Seite. Sollte nämlich eine *iusta causa*, ein gerechter Grund, für die Führung eines Krieges vorliegen, müsste die Frage beantwortet werden, ob der Sicherheitsrat dies verhindern durfte, wenn keine demokratische Legitimation gegeben war, im Sinne der *auctoritas*, wie sie Thomas von Aquin wohl im Sinn hatte.

Recht zum Präventions-Krieg?

Nach dem Terroranschlag vom 11. September 2001 nahmen die USA das Recht auf Selbstverteidigung in Anspruch, das auch das Recht auf Prävention beinhalten sollte. Schon seit dem Zusammenbruch der Sowjetunion hatte sich eine Veränderung des Sicherheitsgefüges zwischen den Staaten ergeben, die eine Folge des Globalisierungsprozesses, aber auch des technologischen Fortschrittes war. Die Sicherheitsrisiken, die auch für die militärisch immer mächtigere Supermacht USA plötzlich virulent wurden, resultierten aus der Gefahr einer unkontrollierbaren Verbreitung von hochwirksamen Massenvernichtungsmitteln in die Hände von skrupellosen Diktatoren, von halbstaatlichen Organisationen oder von Privatpersonen, die wie die Selbstmordattentäter bereit sind, ihr Leben für einen Anschlag auf die Sicherheit des verhassten politischen Gegners zu opfern. Diese Gefahr war durch den Anschlag am 11. September 2001 in den Vereinigten Staaten manifest geworden.

Die entscheidende Frage im Zusammenhang des Kriegs gegen den Irak Saddam Husseins ist also nicht, wie immer wieder fälschlicherweise diskutiert worden ist, ob die Vereinigten Staaten sich über völkerrechtliche Grundsätze einfach hinweggesetzt haben. Die Kernfrage ist vielmehr, ob triftige, existentielle Gründe für die Führung eines Krieges auch für die USA obsolet werden, wenn der Sicherheitsrat diese nicht akzeptiert, und ob dann der betreffende Staat, der gute Gründe auf seiner Seite weiß, sich über diese *auctoritas* hinwegsetzen darf. Angesichts der technologischen Entwicklung und der Möglichkeit, relativ leicht Massenvernichtungswaffen einzusetzen, ergibt sich daraus eine weitere Frage: Dürfen Staaten, die sich begründeterweise bedroht fühlen, einen Präventivschlag gegenüber solchen Staaten führen, die im begründeten Verdacht stehen, entweder selber terroristische Anschläge zu begehen oder anderen bei der Durchführung solcher Attacken zu helfen?

Es ist bemerkenswert, dass in der außenpolitischen Resolution, die den Staats- und Regierungschefs der europäischen Union auf dem EU-Gipfel in Saloniki im Juni 2003 vorgelegt wurde, genau dieses Recht auf militärische Prävention nicht den einzelnen europäischen Staaten, aber der Europäischen Union als solcher zugebilligt wird. Dass dies eine nicht nur interessante, sondern auch eine gefährliche völkerrechtliche Perspektive darstellt, ergibt sich daraus, dass ein solches Recht auf militärische Prävention wohl nicht beschränkt werden kann auf bestimmte Staaten, die mit guten Gründen glauben, keine Schurkenstaaten zu sein, sondern genauso für andere Staaten gelten muss, also zum Beispiel für Pakistan gegenüber Indien und umgekehrt oder für China gegenüber Taiwan.

Das Recht auf den vorbeugenden Gewalteinsatz zur Abwehr einer drohenden Gefahr ist seit dem Irak-Krieg de facto Bestandteil eines neuen Völkerrechts geworden. Die drohende Gefahr, gegen die ein Abwehrrecht besteht, kann von terroristischen Organisationen ausgehen, die in einem anderen Land stationiert sind, aber ihre Angriffe von dort in das bedrohte Land hineintragen, oder von einem Terrorregime, das identisch ist mit einem Staat. Dass die Vereinigten Staaten sich bei der Wahrnehmung dieses Rechtes nicht mehr von Bündnissen und Verträgen beeinträchtigen lassen wollen, ist deswegen verständlich, weil eine Autorität, die dieses Recht legitimieren würde, nicht im Sicherheitsrat oder in der UNO zu erkennen ist. Die Entwicklung zum Nationalstaat hatte im letzten und vorletzten Jahrhundert vor allem zur Folge, dass das Monopol der Gewaltanwendung von den Nationalstaaten an sich gezogen wurde. Im Zuge der Globalisierung entwickelt sich die Menschheit immer mehr zu einer ökonomischen Einheit, die auch politische Konsequenzen haben muss. Konsequent wäre die Installierung eines globalen Gewaltmonopols durch einen Universalstaat, wie ihn schon Kant gefordert hat. Da dieser aber nicht existiert, übernimmt die nach der Beendigung des Ost-West-Konfliktes allein übrig gebliebene Supermacht USA zumindest partiell diese Funktion.

Die Akzeptanz dieser Funktion durch die Weltöffentlichkeit wird weitgehend davon abhängen, ob die Vereinigten Staaten dem Anspruch genügen, den Kant in seinem – in diesem Buch mehrfach zitierten – philosophischen Entwurf „Zum ewigen Frieden" aufstellt: Dass nämlich eine weltbürgerliche Ordnung zwischen den Völkern erreichbar sei, weil ein nach Rechtsgrundsätzen verfasster Staat, in unserem Fall also die Vereinigten Staaten, im Verhältnis zu „anderen benachbarten und auch entfernten Staaten zu einem gesetzlichen Ausgleich ihrer Streitigkeiten" fähig und willens sei. Mit anderen Worten: Rechtsstaatliche Demokratien dürfen, wenn sie nicht ihre Seele verraten wollen, auch international nicht gegen Rechtsgrundsätze verstoßen. Dieses rechtsstaatliche Selbstverständnis war im letzten Jahrhundert in den USA, von gravierenden Ausnahmen wie Vietnam oder Chile abgesehen, weit verbreitet und begründete nach Beendigung des Kolonialismus, an dem sich die USA nie beteiligt hatten, das Überlegenheitsgefühl des Westens und seiner Bürger gegenüber Diktaturen und autoritären Regimen. Die Amerikaner stehen heute vor dem psychologischen und politischen Problem, dass die Zahl der Menschen, die ihrer Administration mit Argwohn begegnen und ihr von der Folter bis zum Angriffskrieg jedes Unrecht zutrauen, weltweit rapide zunimmt – auch in Europa, ja sogar in den Vereinigten Staaten selber. Umso wichtiger ist daher, dass die Vereinigten Staaten deutlicher als bisher darlegen, dass die Gründe für den Irak-Krieg, der das Gleichgewicht der Kräfte noch weiter zugunsten der USA verschoben hat, moralisch tragfähig sind.

Die Frage, ob der Irak Massenvernichtungswaffen hatte und ob solche noch gefunden werden, spielt dabei eine untergeordnete Rolle. Entscheidend ist, dass, wie auch ein glaubwürdiger Kritiker, der frühere Chef der UNO-Inspektoren Hans Blix, konzediert hat, die Vereinigten Staaten real „Angst hatten, dass es im Irak Massenvernichtungswaffen gab" und dass solche Massenvernichtungswaffen in die Hände zum Beispiel von Selbstmordattentätern aus der dortigen Region gelangen könnten.

Dass die Vereinigten Staaten mit dem Krieg gegen den Irak auch eine Lösung des Hauptproblems des Nahen Ostens, des Palästina-Konflikts, erleichtern wollen, liegt auf der Hand. Die amerikanische Regierung hat unmittelbar nach dem vorläufigen Ende des Irak-Kriegs die entsprechenden Initiativen ergriffen. Allein ein Erfolg dieser Bemühungen hätte das Eingreifen im Irak gerechtfertigt.

Das Argument, es sei notwendig gewesen, einen Diktator zu beseitigen, steht dagegen so lange auf schwachen Füßen, wie die Vereinigten Staaten die Beseitigung von Diktaturen nicht zu einer Gesamtstrategie entwickeln können oder wollen. Dass die Supermacht USA nicht gleichzeitig auch noch die Diktaturen in China und Nord-Korea sowie die Feudalherrscher und Theokraten in Saudi-Arabien und Iran auf einen Schlag beseitigen können, bedarf keiner weiteren Begründung. Wenn sie es zu ihrem langfristigen Ziel erklären, müssten sie vor allem die Unterstützung der Europäer finden, aus deren Philosophie heraus die Notwendigkeit der Durchsetzung der Menschenrechte entwickelt worden ist. Die Menschenrechtslage in anderen Ländern zu verbessern, könnte ein vornehmes Ziel amerikanischer Außenpolitik sein, also zum Beispiel die Durchsetzung der Frauenrechte in Saudi Arabien und der Menschenrechte im Iran oder in Nord-Korea – sozusagen als Wiedergutmachung für die gravierenden Fehler der Vergangenheit.

Das größte moralische Defizit in der Begründung des Irak-Krieges liegt indessen bei dem, was Thomas von Aquin die *recta intentio* genannt hat, d. h. die Amerikaner hatten offensichtlich keine politische Lösung für den Irak. Die Vorstellung, dass ein amerikanischer General, gestützt auf eine Armee, die sich mehrheitlich aus Christen, also Ungläubigen zusammensetzt, in der Lage sein könne, in einem Zentrum des islamischen Glaubens, nämlich im Zwei-Strom-Land, eine Demokratie nach westlichem Muster zu realisieren, ist eine ziemlich wahnwitzige Idee. Leider tun die Amerikaner im Moment, wie wir gesehen haben, fast alles, damit diese Idee noch absurder erscheint als sie schon ursprünglich gewesen ist.

Drei Ziele

Notwendig ist in erster Linie die Realisierung von drei Zielen, die jedoch von den Amerikanern allein nicht erreicht werden können:

Erstens die Beendigung des Palästina-Konfliktes.

Zweitens die Unterstützung demokratisch gesinnter Muslime im Irak mit dem Ziel einer islamischen Wertvorstellungen angepassten rechtsstaatlichen Demokratie.

Drittens eine Beseitigung der sozialen und ökonomischen Ursachen für die millionenfache Zunahme der Sympathisanten in den muslimischen Ländern von Indonesien bis Algerien für die terroristischen Ziele eines Osma bin Laden.

Die Selbstmordattentate

Die Bestandteile des Nahost-Friedensplanes sind auf der einen Seite die Schaffung eines zusammenhängenden selbständigen und autonomen palästinensischen Staates und auf der anderen Seite die Beseitigung einer Reihe von israelischen Siedlungen im Gaza-Streifen und im Westjordanland. Diese Pläne sind jedoch zum Scheitern verurteilt, wenn nicht eine Hauptursache für die ständigen blutigen Auseinandersetzungen beseitigt wird, nämlich die Selbstmordattentate islamistischer Glaubenskämpfer. Die Eskalation der Gewalt ist vor allem darin begründet, dass sich die Israelis gegen diese Form der tödlichen Attacken zwar wehren, aber nicht zureichend schützen können und dass sie infolgedessen in vielfältiger Hinsicht ungezielt und übersteigert zurückschlagen. Die Brisanz dieser Form der Kriegsführung entsteht durch den Kult, den der Islamismus um die Märtyrer macht. Der Tod eines Glaubenszeugen ist in der Sicht militanter Islamisten der edelste, der überhaupt denkbar ist. Die Blutzeugen werden im Paradies gekrönt, wo kühle Ströme fließen und herrliche Fruchtbäume wachsen. Sie trinken dort nicht berauschenden Wein und erfreuen sich an Jungfrauen mit schwellenden Brüsten, den so genannten „Huris", die niemand zuvor berührte. (Die Frage bleibt dabei unbeantwortet, woran sich die Frauen erfreuen dürfen, die nach dem Koran ja auch in das Paradies kommen können.)

Der Märtyrer überwindet nach Ansicht von muslimischen Gelehrten die natürliche Furcht des Menschen vor dem eigenen Tod und handelt im Namen Gottes. Bei diesem Kult wird jedoch übersehen, dass nach dem Koran und auch nach den Aussagen des Propheten „Selbstmordmärtyrer" damit nicht gemeint sein können, sondern nur diejenigen, die im Heiligen Krieg, im Dschihad, durch Feindeshand oder durch aufopfernde Taten gestorben sind. Der Konflikteskalation würde weitgehend der Boden entzogen, wenn die muslimischen Gelehrten und Rechtsschulen von den Universitäten in Kairo bis nach Gom im Iran klarmachen würden, dass nach dem Koran und nach der Auffassung des Propheten Selbstmord eine schwere Sünde ist. Es ist kaum anzunehmen, dass sich junge Menschen für Selbstmordattentate zur Verfügung stellen würden, wenn ihnen von ihren geistlichen Lehrern gesagt würde, dass ihr Lohn nicht das Paradies im Himmel ist, sondern die tiefste Hölle. Es liegt also in der Verantwortung der muslimischen Geistlichkeit, einen religiös-informatorischen Beitrag für den Frieden im Nahen Osten zu leisten. Wenn ein Kongress islamischer Rechtsgelehrter aus 58 Ländern im Januar 2003 in Qatar inzwischen Stellung bezogen hat: Widerstandskampf einschließlich Märtyrer-Operationen gegen Besatzer ja, Terrorismus gleich Gewaltgebrauch gegen Dritte nein – so bleibt noch viel Klärungsbedarf.

Der Missbrauch des Namens Gottes

Es ist grotesk, wenn man die spirituelle Anleitung liest, die der Selbst- und Massenmörder Muhammed Attah in seinem Gepäck trug, als er in das Flugzeug stieg, mit dem er in den Nordturm des World Trade Center raste: „Dies ist die Stunde, in der du Gott treffen wirst. Bete zu Gott, Gott hilf mir, dies zu tun." Erstaunlich ist die immerwährende Berufung auf Gott, die sich zu einer fast unerträglichen Penetranz steigert: „Wenn du im Flugzeug bist, solltest du zu Gott beten, denn du tust dies für Gott. Wie der allmächtige Prophet sagt, ist eine Tat für Gott besser als die ganze Welt." Dies erinnert an den Ruf der Kreuzzügler, die 1096 von Papst Urban II. zur „Befreiung" des heiligen Landes nach Jerusalem geschickt worden waren. Sie zogen mit dem Ruf „Deo lo vult! Gott will es!" nach Palästina. Man darf daran erinnern, zu welchen Auswüchsen diese kirchlich sanktionierte Mordbrennerei geführt hat. Zwei Jahre später erzählten damalige Kriegsberichterstatter, dass „die unsrigen bis zum Knöchel im Blute der von ihnen erschlagenen Muslime wateten".

Der amerikanische Präsident hatte nach dem 11. September 2001 die Völker der Welt einschließlich der islamischen zum „Kreuzzug" gegen den Terrorismus aufgerufen. Das Bündnis wäre schon fast am ersten Tag geplatzt, wenn sich die amerikanische Regierung nicht entschuldigt hätte, weil der Begriff Kreuzzug für Muslime mindestens genauso schlimm klingt wie „Auschwitz" in den Ohren der Juden. Dies nicht gewusst zu haben, kann man dem amerikanischen Präsidenten persönlich nicht vorwerfen, aber vielleicht dem texanischen Bildungssystem.

Keine seriöse islamische Rechtsschule kann, wenn sie auf der Grundlage des Koran und der Worte des Propheten lehrt, für richtig halten, was in dieser Anleitung für den Terroristen Muhammed Attah steht: „Bete, bete, bete, damit du nicht schwankend wirst, öffne dein Herz, heiße den Tod im Namen Gottes willkommen." Wenige Sekunden vor dem Einschlagen in den Turm soll er sich an die Verheißung erinnern: „Öffne dein Herz, denn du bist nur einen kurzen Moment noch entfernt von dem guten, einzigen Leben voller positiver Werte in der Gesellschaft von Märtyrern.“ Wenn es geschehen ist, „rufen Engel deinen Namen und tragen für dich ihre schönsten Kleider“.

Wie konnte es zu Beginn des dritten Jahrtausends geschehen, dass dieser mörderische Fanatismus die Hirne junger Menschen regelrecht zerfraß? Ohne die geschichtliche und soziale Entwicklung in den muslimischen Ländern ist dies nicht zu erklären. Die Gewalt wurde vor allem durch den Kolonialismus gepflanzt und durch die Verhinderung eines einheitlichen arabischen Nationalstaats nach dem ersten Weltkrieg durch die Franzosen und Engländer entgegen ihren ursprünglichen Versprechen. Die Erfahrung der Unterlegenheit und der angeblichen geistigen und kulturellen Minderwertigkeit prägte sich vor allem den einfachen Leute ein, während sich die oberen Schichten den Lebensstandard der westlichen Welt aneigneten. Das Paradebeispiel ist Saudi Arabien, wo sich die Mächtigen bis heute als Hüter der heiligen Stätten Mekka und Medina aufspielen und gleichzeitig durch Verschwendung und Luxus den Islam als korrupte Veranstaltung zur Verdummung und Schikanierung der Massen bloßstellen. Deshalb haben es die radikalen Mullahs leicht, bei der einfachen Bevölkerung den Widerstand gegen die westliche Welt zu mobilisieren. Die Feindbilder der Islamisten sind klar: Es sind die laizistischen Regierungen islamischer Länder, die es ablehnen, die Scharia als Grundlage ihres Rechtssystems einzuführen. Hauptfeinde sind aber auch der „Weltzionismus“, der Staat Israel, und der „große Teufel“, die USA. Der Saudi Bin Laden zählt auch Saudi Arabien zu seinen Feinden, im Gegensatz zu den meisten anderen Islamisten, die sich durch den strafrechtlichen Rigorismus der in Saudi Arabien dominierenden fundamentalistischen Wahabiten blenden und durch ihr Geld bestechen lassen.

Sollte das eintreten, was Bakr el-Hakim mehrfach öffentlich ausgesprochen und auch in dem bereits erwähnten Interview mit dem „Spiegel" (29/2003) gefordert hat, nämlich eine islamische Republik mit der Rechtsgrundlage der Scharia, dann wäre der Irak-Krieg umsonst geführt worden, weil dann nur ein totalitäres Regime durch ein anderes ersetzt werden würde. Zur Erinnerung sei darauf hingewiesen, dass der von den USA unterstützte angeblich so moderate „Löwe des Panschirtals" und Führer der afghanischen Nordallianz, Ahmed Shah Massud, die Frauen genauso unter die unförmigen Krähengewänder, die Burqas, gezwungen hatte wie sein ebenfalls von den Amerikanern hofierter Gegenspieler Gulbudin Hekmatyar, der als Student unverschleierten Frauen Säure ins Gesicht geschüttet hat. Das hat die Amerikaner nicht daran gehindert, ihn und seine Bande mit Stinger-Raketen auszurüsten. In den ersten Revolutionsjahren des Iran wurden von den dortigen Religionsmilizen ähnliche Verbrechen begangen.

Für den von ihm vertretenen Islam ist, wie el-Bakr deutlich unterstrichen hat, die Trennung von Glaube und öffentlichem Leben, von Koran und staatlichem Recht falsch. Glaube und Leben, ob privat oder politisch, sind eine Einheit. Deshalb gibt es für die Frauen in den islamistischen Ländern wie Saudi Arabien, Iran, Sudan und inzwischen auch in Teilen von Nigeria, kein Entrinnen vor der Scharia. Und in den anderen muslimischen Ländern besteht ein erheblicher gesellschaftlicher und familiärer Druck, die islamischen Regeln konsequent einzuhalten. Sogar in Deutschland und anderen europäischen Ländern wachsen die moralischen Pressionen auf Musliminnen, sich islamgerecht zu kleiden und zu verhalten. Die heftigen Auseinandersetzungen um das Tragen eines Kopftuches sind dafür ein Indiz.

Der Ernstfall: Die Rechte der Frauen im Islam

Die *religiöse* „Gleichwertigkeit von Mann und Frau vor Gott" ist die feste Glaubensüberzeugung im Islam, womit die Gleichberechtigung im Islam allerdings weitgehend erschöpft ist. Denn in allen übrigen Bereichen des menschlichen Lebens stehen die Männer „über den Frauen", wie es in der Sure 4,34 heißt, weil „Gott sie von Natur aus vor diesen ausgezeichnet hat und wegen der Ausgaben, die sie von ihrem Vermögen gemacht haben. Und die rechtschaffenen Frauen sind Gott demütig ergeben und geben Acht auf das, was den Außenstehenden verborgen ist, weil Gott darauf Acht gibt. Und wenn ihr fürchtet, dass Frauen sich auflehnen, dann ermahnt sie, meidet sie im Ehebett und schlagt sie! Wenn sie euch wieder gehorchen, dann unternehmt weiter nichts gegen sie!"

Die Ehe im Islam ist immer noch ein Vertrag zwischen zwei Familien. Bei Vertragsabschluss muss die Frau noch nicht einmal persönlich zugegen sein. Es reicht, wenn der Vater, der älteste Bruder oder ein anderer männlicher Befugter als ihr Vertreter den Vertrag abschließt.

Voreheliche Beziehungen zwischen Jungen und Mädchen, zwischen Männern und Frauen kommen der Unzucht gleich und sind mit Ehrverlust und weiteren Sanktionen verbunden. Für junge Menschen, die wie in Deutschland in einer gemischten Gesellschaft aufwachsen, führt dies oft zu Tragödien, manche enden im Selbstmord. Heute würde das Stück von Romeo und Julia nicht mehr in Verona oder, wie in der West-Side-Story, in der Bronx spielen, sondern in Deutschland oder Frankreich. Und es hätte das Leben muslimischer Mädchen und Jungen in einer modernen Gesellschaft zum Gegenstand.

So würde eine schiitisch-islamistische Ordnung aussehen: Muslimische Männer dürfen nach überwiegender Meinung Nichtmusliminnen heiraten, wenn es sich um Christinnen oder Südinnen handelt. Umgekehrt ist im revolutionären Iran die Ehe eines Nichtmoslem mit einer Muslimin verboten. Konsequenterweise muss eine islamische Ehe geschieden werden, wenn ein Partner vom Islam abfällt, also zum Beispiel zum Christentum konvertiert. Tritt eine nichtmuslimische Frau, die mit einem nichtmuslimischen Mann verheiratet ist, zum Islam über, dann muss auch diese Ehe geschieden werden, wenn der Mann nicht ebenfalls Muslim wird. Musliminnen ist es nicht gestattet, mit einem Nichtmuslim verheiratet zu sein.

Der Islam erlaubt nur den Männern die Mehrehe, nicht aber den Frauen. Eine besondere Form sexueller Diskriminierung ist bei den Schiiten die so genannte Ehe auf Zeit, „die für die Frist von einer Stunde bis zu 99 Jahren" geschlossen werden kann. Der Vertrag endet nach Ablauf der festgelegten Frist. Ein verklemmtes und gleichzeitig übersteigertes männliches Sexualbedürfnis zeigt sich in der Begründung der schiitischen Theologen für diese religiös legitimierte Prostitution. Demnach ist diese Regel als Ausweg für junge Männer gedacht, „die noch nicht heiraten können und die durch den Sexualdruck Lebertumore oder Gehirnerweichungen bekommen könnten", oder für Reisende, zum Beispiel für iranische Geistliche, die zu schiitischen Heiligtümern pilgern, oder für Männer, deren Frauen krank oder schwanger sind, denen aber die Religion zugesteht, durch das Mieten einer Frau ihren sexuellen Druck loszuwerden. Dass Gott für einen solchen moralischen Schwachsinn herangezogen wird, ist eine spezielle Form islamischer Blasphemie.

Rechtsordnung ohne Diskriminierung

Von diesen Spezialvorschriften einmal abgesehen, sind die Frauen diskriminierenden Bestimmungen nach dem Islam göttliches und gleichzeitig irdisches Recht. Es kann keine Frage sein, dass die Vereinigten Staaten die Installierung eines Rechtssystems, das solche Diskriminierungen zum Inhalt hat, nicht akzeptieren dürfen, auch wenn die Führer der Mehrheits-Schiiten dies verlangen. Am Beispiel der Frauen wird sich beweisen, ob die Amerikaner, wenn es um die staatliche Ordnung im Irak geht, ihren eigenen Ansprüchen gerecht werden. Das Schicksal der Frauen in Afghanistan ist ihnen gleichgültig gewesen, als es bei der Unterstützung der Taliban um ihre eigenen polit-strategischen Interessen ging. Ein derartiges Versagen darf im Irak nicht ein zweites Mal passieren. Die Einteilung der Welt in gut und böse durch die amerikanische Administration würde dadurch erst recht ad absurdum geführt. Auch in der politischen Realität ist es eben so, dass die Guten nicht immer gut und die Bösen nicht immer nur böse sind. Während die Amerikaner in Afghanistan die Frauenverfolgung akzeptiert haben, konnten unter Saddam Hussein Mädchen ohne Schleier die öffentlichen Schulen besuchen, und zwar ohne jede Behinderung. Sollte ein Ajatollah-Regime im Irak entstehen, was zwangsläufig auch zur Unterdrückung der einen Million assyrischer und chaldäischer Christen im Lande führen müsste, hätten die Amerikaner wieder ein Regime des Bösen installiert – und wären dadurch selber in diese Kategorie abgerutscht. Rechtsstaatliche Demokratien können eben nicht eine Rechtsordnung akzeptieren, in der andere Religionen diskriminiert werden, in der es einer muslimischen Frau verboten wird, einen Christen zu heiraten, sie können nicht akzeptieren, dass – wie es in vielen islamischen Ländern der Fall ist – Mädchen keine Schul- und Berufsausbildung bekommen, dass Söhne doppelt so viel erben wie die Töchter, Frauen, aber nicht Männer, bei Ehebruch mit Steinigung bestraft werden und die Zeugenaussage eines Mannes vor Gericht drei Mal mehr wert ist als die einer Frau.

Der radikal-militante Islamismus und seine Inhalte

Das Konzept des Islamismus, also der radikalen Form des Islam, besteht im Wesentlichen aus drei Bestandteilen:

Das erste Ziel ist die Reinigung der Welt des Islam von allen angeblich islamfeindlichen Elementen, also vom Atheismus, vom westlichen Schulwesen und Rechtssystem bis hin zur westlichen Kleidung und zum westlichen Fernsehen.

Das zweite Ziel ist die Schaffung eines einheitlichen islamischen Staats auf dem Fundament von Koran, Tradition und islamischem Recht. In einem solchen Staat umfasst der Islam das Private, das Gesellschaftliche und das Staatliche: Dogma und Kultur, Volk und Regierung, Religion und Staat. Ziel des Islamismus ist es, zuerst alle arabischen bzw. die bereits von islamischer Kultur geprägten Staaten (man denke an die Türkei, den Iran; Pakistan, Indonesien etc.) und anschließend die anderen Kulturen durch missionarische Arbeit in diesem Sinn zu islamisieren.

Drittens verfolgt der Islamismus seine Ziele in einem fortdauernden Kampf, der auch die Anwendung von Waffengewalt einschließt. Inzwischen begegnen uns die Gotteskrieger auf der ganzen Welt.

Dieses geistige und politische Konzept des Islamismus kann zu einer ernsten Bedrohung für die freiheitlichen Demokratien und für eine friedliche Lösung im Irak werden.

Dialog, Aufklärung und Information

Die Behauptung, dass der Islam eigentlich eine friedliche Religion sei, wird unter anderem mit seinem Verhalten im mittelalterlichen Andalusien begründet. Das ist nicht falsch. Und es ist auch wahr, dass es Zeiten gab, vor allem unter der Herrschaft des Kaisers Friedrich II., in denen ein reger kultureller und wissenschaftlicher Austausch zwischen Europa und dem Islam stattfand. Die abendländische Philosophie wurde befruchtet durch die Gedanken großer arabischer Philosophen wie Ibn Ruschd (Averroes), Ibn Sina (Avicenna) und dem Universalgelehrten Al Birune. Arabische Naturwissenschaftler, vor allem Mathematiker und Astronomen, beeinflussten die europäischen Universitäten und Klöster. Wir schreiben heute arabische Zahlen und keine griechischen oder lateinischen, wie es unserer kulturellen Tradition entspräche, und wir haben von den Arabern nicht nur die Dezimalbrüche, das Ziehen von Wurzeln und den Dreisatz gelernt.

Die Zeit des Islam in Andalusien liegt inzwischen 900 Jahre zurück, und Amnesty International stellt fest, dass in allen islamischen Staaten die Menschenrechte massiv verletzt werden. Es ist unbedingt notwendig, mit den Vertretern des islamischen Kulturraums über das Thema Menschenrechte in einen intensiven Dialog einzutreten. Es gibt in diesem Zusammenhang keine bessere Alternative, als an dieses erwähnte gemeinsamen Erbe anzuknüpfen und einen Dialog über die gemeinsame Zukunft zu führen.

Die islamische Welt ist weder geistig noch politisch eine Einheit. Es kommt darauf an, die gemäßigten und zum Dialog bereiten Kräfte zu stärken. Das beste Mittel gegen die Feinde des freien Denkens ist das freie Denken selbst. Die westlichen Demokratien sollten versuchen, durch eine internationale und soziale ökologische Marktwirtschaft die Grundlage für eine neue Weltwirtschaftsordnung zu schaffen, und gleichzeitig in einer konzentrierten Medienaktion im Nahen und Mittleren Osten eine geistige Offensive für Menschenrechte und Freiheit beginnen. Dass Gedanken und Ideen ansteckend sind, haben die Ajatollahs mit ihren Predigten selbst bewiesen. Warum sollten die Ideale der Freiheit und der Demokratie nicht genauso eine ansteckende Kraft in den Völkern des Nahen und Mittleren Ostens entfalten können, wenn die Menschen dort richtig informiert werden?

Auf der anderen Seite gibt es eine gemeinsame Geschichte und enge Verbindungen zwischen den europäischen und den arabischen Völkern und gemeinsame Werte, die den Islam und die Freiheit demokratischer Gesellschaftsordnungen miteinander verbinden können. Die Christen haben mit den Moslems und den Juden den Glauben an einen Gott gemeinsam. Aber das ist nicht alles. Auch das islamische Gesetz garantiert die Entfaltung der eigenen Persönlichkeit und gibt jeder Person, auch den Frauen, das Recht auf eigenen Besitz. Ich finde es interessant, dass dieser Besitz nach islamischer

Auffassung nicht den Menschen, sondern Gott gehört. Er bleibt also solidarisches Eigentum der islamischen Gemeinde. Diese Auffassung begründet die Distanz des Islam gegenüber einem unbeschränkten Kapitalismus genauso wie gegenüber einem egalitären Sozialismus.

Es wird von entscheidender Bedeutung sein, dass die führenden Köpfe der demokratischen Länder des Westens endlich mit der islamischen Geisteswelt einen ernsthaften Dialog beginnen und durch Aufklärung und Information für das Menschenbild Verständnis wecken, das unserer republikanischen Verfassung zugrunde liegt. Die Millionen von islamischen Frauen werden es nicht als eine Zumutung empfinden, wenn sie über die Medien erfahren, dass ihre tatsächliche und rechtliche Diskriminierung kein Naturgesetz nach Gottes Willen ist. Dieser Dialog, zu dem vor allem die Kirchen und die Universitäten aufgerufen sind, kann herausarbeiten, welche Gemeinsamkeiten zwischen diesen beiden geistigen Welten bestehen, so, wie Hans Küng es mit seinem Projekt Weltethos versucht. Der Dialog kann den Versuch unternehmen, gemeinsame geistige und politische Grundlagen zu schaffen, auf denen Christen und Muslime, Bewohner des Orients und des Okzidents, auch politisch zusammenarbeiten könne,n und die sie in die Lage versetzen, gemeinsam gegen die Anwendung von Gewalt und gegen den politisch-religiösen Terrorismus zu kämpfen.

Diesen Prozess des Dialogs im Irak in Gang zu setzen, wäre eine besondere Aufgabe der Europäer, den die Amerikaner nicht stören oder gar verhindern dürfen. Es wäre ein schlimmes Zeichen für die Zukunft im Nahen und Mittleren Osten, wenn ein Bündnis mit den friedlichen und demokratischen Kräften des schiitischen und sunnitischen Islam nicht zustande käme und die Fundamentalisten sich durchsetzen würden. Die Amerikaner müssen also darauf bestehen, dass die Verfassungsordnung des neuen Irak zumindest jenen Grundsätzen entspricht, die in der laizistischen Türkei seit Ata Türk gelten und die von vielen Arabern befürwortet werden, die wissen, dass ohne eine Emanzipation von der Religion auch der ökonomische und technische Fortschritt in den arabischen Ländern nur schwer zustande kommen kann.

Hegemoniale Demütigung und rechtsstaatlicher Zynismus

Der Dialog mit dem Islam ist aber zum Scheitern verurteilt, wenn die Amerikaner fortfahren, die arabischen Länder und ihre Bewohner hegemonial zu demütigen. Der 11. September 2001 hat jedem amerikanischen Bürger gezeigt, dass die USA verletzlich geworden sind. Die Amerikaner sind ein Teil der übrigen Welt geworden, dem Guten und Bösen, dem Krieg und dem Frieden genauso ausgesetzt wie andere Länder. Sind aus diesem Umstand die Unsicherheiten einer dem christlichen Fundamentalismus zuneigenden Regierung und die Anzeichen von innenpolitischer Intoleranz zu erklären, die die Amerikaner seit dem 11. September zu erkennen geben?

Es handelt sich ja nicht nur um den Skandal, dass die amerikanische Armee in Bagdad zwar das Ölministerium geschützt hat, aber das Iraq-Museum in Bagdad, ein Weltkulturerbe des Landes, von dem die Entwicklung der Menschheit ausging, schutzlos den Plünderern, Dieben und Räubern preisgab.

Mindestens genauso schlimm ist die Behandlung der Taliban-Gefangenen in Guantanamo. Die Vorreiterrolle der USA für Freiheit und Menschenrechte wird durch diesen Vorgang massiv diskreditiert. Gefangene in Ketten zu legen, ihnen die Augen zu verbinden, die Ohren zu verstopfen, ihnen also die Sinne zu rauben, kann unter dem Gesichtspunkt der Prävention in bestimmten Stituationen notwendig sein. Muslime kahl zu scheren und ihnen die Bärte abzurasieren, ist eine psychische und physische Folter und, rechtsstaatlich gesehen, eine Brutalität, die erkennen lässt, dass die US-Regierung die moralischen Maßstäbe für den von ihr geführten Krieg gegen den Terrorismus zu verlieren droht. Fundamentalistische

Muslime tragen aus religiösen Gründen in Nachahmung des Propheten Mohammed einen Bart. Ihn mit Gewalt abzurasieren ist, als würde man die Kappe eines gläubigen Juden zerfetzen.

Die Auseinandersetzung mit der neuen Form des Totalitarismus kann aber weltweit nur gewonnen werden, wenn diejenigen, die Freiheit und Demokratie vertreten, glaubwürdig bleiben. Dass die amerikanische Regierung wechselnde Gründe für ihren Krieg vorgetragen hat, dass Befreiungsaktionen, wie zum Beispiel zur Rettung der Soldatin Jessica Lynch, inszeniert und auch sonst gelogen und manipuliert wurde, gehört zum Alltag eines Krieges und ist im Verhältnis zur Außenwelt nur bedingt politisch relevant. Wenn allerdings die eigenen Parlamente belogen werden und diese sich das gefallen lassen, schrumpft die Vorbildqualität der westlichen Demokratien auf weißrussisches Niveau. Die Zerstörung und Plünderung des Bagdader Museums unter den Augen der amerikanischen GI's und die Gefangenen in Guatanamo sind die zusätzlichen Menetekel auf dem Hintergrund einer vom Terrorismus verdunkelten Zukunft.

Hat Arundati Roy recht?

Die von der amerikanischen Regierung vertretene Auffassung, dass der 11. September ein von außen gegen Amerika geführter militärischer Angriff des internationalen Terrorismus gewesen sei, war absolut richtig und hat folgerichtig auch die Beistandsverpflichtung nach Art. 5 des NATO-Vertrages ausgelöst. Aber damit war die Frage nach den Ursachen des Terrorismus nicht beantwortet. Arundati Roy, die indische Bestseller-Autorin („Der Gott der kleinen Dinge") überlegte kurz nach den Terroranschlägen in einem Artikel in der „Frankfurter Allgemeinen Zeitung", ob es sein könne, „dass die finstere Wut, die zu den Anschlägen führte, nichts mit Freiheit und Demokratie zu tun hat, sondern damit, dass amerikanische

Regierungen genau das Gegenteil unterstützt haben – militärischen und wirtschaftlichen Terrorismus, Konterrevolution, Militärdiktaturen, religiöse Bigotterie und unvorstellbaren Genozid (außerhalb Amerikas)". Ein paar Zeilen weiter fragt sie: „Was ist Osama bin Laden?" „Er ist das amerikanische Familiengeheimnis", ist ihre Antwort. „Er ist der dunkle Doppelgänger des amerikanischen Präsidenten. Der brutale Zwilling alles angeblich Schönen und Zivilisierten. Er ist aus der Rippe einer Welt gemacht, die durch die amerikanische Außenpolitik verwüstet wurde, durch ihre unbekümmerte Politik der unumschränkten Vorherrschaft und ihre kühle Missachtung aller nichtamerikanischen Menschenleben, ihre marodierenden Multis, die sich die Luft aneignen, die wir einatmen, die Erde, auf der wir stehen, das Wasser, das wir trinken, unsere Gedanken."

„Tagesthemen"-Moderator Ulrich Wickert fand damals diese Version in der Illustrierten „Max" gar nicht so übel und bescheinigte dem amerikanischen Präsidenten Bush die gleichen Denkstrukturen wie dem Terroristen bin Laden. Wickert konnte nur durch eine Entschuldigung seinen Fernsehjob retten.

Aber ist diese, wenn auch übertriebene Sicht der Dinge im Grunde nicht richtig? Auch bisher ist in der Weltgeschichte nicht der religiöse Fundamentalismus allein die Ursache für den Fanatismus gewesen, der die Fanatisierten zu solchen Anschlägen geführt hat. Meistens sind andere Motive wie zum Beispiel der Nationalismus dazugekommen.

Lebt Osama bin Laden?

Nachdem ich im Februar 2002 von Kabul zurückgekehrt war, wurde ich in Berlin von Bundestagskolleginnen und -kollegen und von Journalisten gefragt: „Wissen Sie, lebt eigentlich der Osama bin Laden noch?" Das könne ich nicht sagen, war meine Antwort. Ich sei ihm in Kabul und in Pakistan nicht begegnet. Aber ich wisse, dass Osama bin Laden in den Köpfen und

Herzen von Hunderten von Millionen Menschen lebt – in den Armutsvierteln und Elendsquartieren von Indonesien über Bangladesh, Kaschmir, Pakistan, Afghanistan, Iran, Irak, Jordanien, Jemen, Somalia, Palästina, Sudan, Ägypten bis nach Algerien, wo die Jugendarbeitslosigkeit nicht 5 oder 8 Prozent beträgt wie bei uns, sondern 90 Prozent. Und wenn einmal 90 Prozent der jungen Menschen null Chance haben für ihr irdisches Leben, dann werden sie leicht das Opfer der islamistischen Heilsversprechen. Dies ganz besonders, wenn man ihnen noch das Paradies verspricht, falls sie für deren Ziele ihr Leben opfern. Diktatoren wie Saddam Hussein oder die 5 000 bis 10 000 El-Quaida-Kämpfer sind nicht das eigentliche Problem. Sie können militärisch besiegt werden. Die revolutionäre Gefahr geht von den Hunderten von Millionen Sympathisanten aus, die Osama bin Laden und seine Anhänger in diesen Armutsregionen der Erde mobilisieren können.

Eine Änderung der Weltpolitik der westlichen Demokratien, vor allem der Vereinigten Staaten, ist eine zwingende Voraussetzung für den Sieg über den Terrorismus.

Außenpolitik und Menschenrechte

Dies gilt nicht nur für die Weltökonomie, sondern auch für die Außenpolitik. Die Mitverantwortung der amerikanischen Regierung für den Bürgerkrieg und die Taliban-Herrschaft in Afghanistan ist bekannt: Die CIA unterstützte den Dschihad der Mudschaheddin einschließlich der Taliban und Osama bin Ladens gegen die sowjetische Besatzungsmacht. Die Koranschulen in Pakistan, die Madrasas, waren die Schulungsstätten der Taliban und wurden vom Hauptverbündeten der USA im Nahen und Mittleren Osten, von Saudi Arabien finanziert.

Der Anschlag vom 11. September zwang nun die Amerikaner zu einer militärischen Aktion gegen die Taliban in Afghanistan. Die war allerdings überfällig angesichts der Schwere der Menschenrechtsverletzungen, die diese begangen hatten.

Es ist tragisch und moralisch schwer erträglich, dass erst mehr als 3000 unschuldige Menschen, darunter 300 Feuerwehrleute, ihr Leben verlieren, 450 000 Quadratmeter Bürofläche in Manhattan vernichtet und ein Flügel des Pentagon zerstört werden, Zehntausende von Arbeitsplätzen verloren gehen und etliche Fluggesellschaften in den Bankrott getrieben werden mussten, bis die westliche Welt reagierte.

Joschka Fischer hat das Eintreten für Menschenrechte durch die westlichen Demokratien einmal abschätzig als Menschenrechtsinterventionismus bezeichnet. Aber angesichts der Folgen dieser Abstinenz der westlichen Demokratien wären solche Interventionen vielleicht doch besser Bestandteil der westlichen Außenpolitik geworden. Leider haben die westlichen Regierungen den Menschenrechtsverletzern jahrelang den Spielraum gegeben für die Vorbereitung ihrer Mordanschläge, und sie ermutigten die Terroristen, indem sie wegschauten. Sie taten auch nichts gegen den Eindruck der Dominanz kapitalistischer Interessen.

Der Tanz um das goldene Kalb

Eine gerechte Weltwirtschaftsordnung zu schaffen ist die zweite unabdingbare Voraussetzung für ein Austrocknen des islamistischen Terrorismus. Mit den militanten Terroristen fertig zu werden, ist zwar schwierig, wie Afghanistan zeigt, aber nicht unmöglich. Die Millionen der mit den Terroristen sympathisierenden Menschen, die in Armut und ohne Perspektive für die Zukunft leben, bringen ihre ungerechten Lebensbedingungen in einen kausalen Zusammenhang mit der Invasion des American Way of Life und der ökonomischen Globalisierung. Ihnen gelten die Vereinigten Staaten weitgehend zu Recht als mächtigste Vormacht eines intoleranten Spätkapitalismus.

Die Soziale Marktwirtschaft war einmal die erfolgreichste Wirtschafts- und Sozialphilosophie der Wirtschaftsgeschichte.

Sie hat nichts mit Neoliberalismus zu tun, sondern ist ein ethisches Bündnis zwischen dem Ordoliberalismus der Freiburger Schule, für die Namen stehen wie Walter Eucken und Alfred Müller-Armack, und der katholischen Soziallehre und der evangelischen Sozialethik. Sie setzte auf Wettbewerb und Markt bei gleichzeitiger Verwirklichung der Ziele sozialer Gerechtigkeit. Wohlstand für alle war ihre Parole. Die Soziale Marktwirtschaft forderte vor allem den geordneten Wettbewerb, der vom Staat mit Regeln garantiert werden muss – „möglichst wenig Regeln“, sagen die Arbeitgeber; „etwas mehr Regeln“, sagen die Gewerkschaften. Im Zuge der Globalisierung entzogen sich die Unternehmen, auch die Wirtschaft als solche, dieser Ordnung. Sie emanzipierten sich, um es freundlich zu sagen, sie fingen an zu vagabundieren. Und plötzlich galten Werte als absolut, die vorher eingebunden waren in diesen geordneten Wettbewerb: Die Dividende am Ende des Jahres, der Börsenwert und der Aktienkurs eines Unternehmens gelten als absolute Kriterien für die Qualität der Wirtschaft und der Unternehmen.

„Shareholder Value“ heißt die Kapitalismusphilosophie, die global die Soziale Marktwirtschaft abgelöst hat. „Geldrausch“ nennt es hin und wieder die „Bild“-Zeitung und „Tanz um das goldene Kalb“ der Papst in Rom. Die Gier nach Geld beginnt die Hirne der Menschen zu zerfressen. Man kann nicht oft genug darauf hinweisen: Die Welt muss aus den Fugen geraten, wenn 225 Personen auf der Erde als Ergebnis der Entwicklung des globalen Kapitalismus ein Vermögen von einer Billion Dollar erwerben können. Es ist genauso groß wie das jährliche Einkommen von drei Milliarden Menschen, das heißt der Hälfte der Menschheit. Gleichzeitig haben über eine Milliarde Menschen pro Tag weniger zum Leben als den Gegenwert eines Dollars, und zwei Milliarden können kein sauberes Trinkwasser genießen und nicht regelmäßig ärztlich versorgt werden. Die Hoffnung hat getrogen, dass die Globalisierung des Kapitals auch die Armut auf dieser Erde eindämmen und verhindern könnte. Die Armut nimmt zu, wie die Weltbank, der Internationale Währungsfonds und UNICEF übereinstimmend feststellen.

Die politisch Verantwortlichen der reichen Industrieländer wissen über das Ausmaß der Armut genau Bescheid. Sie machen dennoch weiter, als ob alles in Ordnung wäre. Von den 6,2 Milliarden Menschen, die auf der Welt leben, wohnen 4,6 Milliarden in den Entwicklungsländern. Davon sind rund 1 Milliarde Analphabeten und davon wieder 80 Prozent, also 800 Millionen Frauen. 11 Millionen Kinder unter fünf Jahren, das sind etwa 30 000 pro Tag, sterben jedes Jahr, weil sie nicht genügend zu essen haben oder weil ihnen Medikamente fehlen, zwei Milliarden Menschen haben weniger zum Leben, als die Bewohner der reichen Industrieländer für Hundefutter ausgeben. Aber arm sein heißt nicht nur: wenig Geld und nichts zu essen haben. Armut bedeutet auch, krank sein ohne Aussicht auf Heilung, unwissend sein ohne Chance auf Fortbildung, heißt, sich erniedrigen zu müssen und zu töten, um leben zu können. Mehr als 300 000 junge Mädchen und Jungen in vierzig Ländern kämpfen als Kindersoldaten – so Thilo Bode, der langjährige Vorsitzende von Greenpeace. Die Bilanz ist trostlos und eine absolute Schande für die nördlichen Industrieländer, vor allem für die Vereinigten Staaten und Europa, deren Bewohner mehrheitlich in Saus und Braus leben und deren größtes Gesundheitsproblem darin besteht, dass sie zu viel essen.

Die politische Kriminalität der westlichen Demokratien

Nach Auffassung des Neoliberalismus, der viele Köpfe der Regierungen, der Parlamente und Wirtschaftsredaktionen der westlichen Welt beherrscht und ihren Verstand benebelt, ist Armut immer selbst verschuldet und die Folge von Faulheit und Dummheit. In Wirklichkeit sind aber Armut und Hunger gemacht und die Folge verantwortungsloser Politik, die den Treibsatz liefert für die explosive Entfaltung des islamischen Fundamentalismus.

Einige wenige Beispiele:

Die landwirtschaftlichen Erzeugnisse, aber auch die einfachen Textil- und Lederprodukte aus den Entwicklungs- und Armutsländern haben keine Chance gegen die hochsubventionierte westliche Konkurrenz.

Oder Bodenschätze: Der Kongo zum Beispiel ist eines der an Bodenschätzen reichsten Länder der Welt. Die Ausbeutung dieser Schätze kommt so wenig der Bevölkerung zugute wie die Erlöse für das Öl, das seit zehn Jahren in der Mitte des Sudan gefördert wird. Die Gelder fließen in die Taschen der jeweiligen Machthaber und der westlichen Konzerne, die die Rohstoffe verarbeiten.

Oder Geldpolitik: Durch eine gezielte Spekulation westlichen Großkapitals, eingeleitet durch New Yorker Großbanken, unter anderen der Investment-Bank Goldman Sachs, ging die thailändische Währung Bath sozusagen in Konkurs. 1997 kam es im Dominoeffekt zu dem Zusammenbruch der Währungen der wichtigsten ostasiatischen Aufsteigerländer und zum bisher größten Desaster der Finanzgeschichte. Der Kapitalmarkt brach zusammen und die inländischen Firmen wurden billig von den westlichen Großkonzernen aufgekauft. Der internationale Währungsfonds (IWF) wurde von der US-Regierung mit stillschweigender Billigung der Europäer und der Japaner zum zentralen Schuldeneintreiber der westlichen Großbanken und Anleger umgewandelt und verhinderte mit seinen Instrumenten Liberalisierung, Deregulierung und Privatisierung eine rasche erfolgreiche Sanierung der betroffenen Staaten.

Ein anderes Beispiel: Nicaragua. Hier setzten die IWF-Markt-Technokraten die Entlassung von über 200 000 Angestellten und Arbeitern im Öffentlichen Dienst und in den staatseigenen Unternehmen durch. Das waren zehn Prozent aller Arbeitskräfte des Landes. Dadurch kam u. a. das gesamte Alphabetisierungsprogramm zum Stillstand. Stattdessen schufen die neuen Machthaber unter Anleitung der Weltbank die berühmt-berüchtigten Zonas Francas, d. h. Sonderwirtschaftszonen, in denen zum Beispiel die internationale Textilindustrie steuerfrei und hinter Stacheldrahtzonen abgeschottet, Jeans und T-Shirts für den amerikanischen und den europäischen Markt für Hungerlöhne von 50 US-Cent pro Stunde produzieren lässt. Inzwischen gibt es auf der Welt über 900 Zonen dieser Art von Mexiko bis Bangladesh, Zonen, in denen es weder Arbeitsrechte noch Gewerkschaften gibt. Eine der Näherinnen in Nicaragua sagte dem „Spiegel“, die Arbeiter und Arbeiterinnen würden gehalten wie Sklaven.

Millionen von Menschen haben durch solche Manipulationen der reichen Länder ihr Vermögen und ihre Existenzgrundlage verloren.

Der Widerstand organisiert sich

Dass die Welt jetzt in einem atemberaubenden Tempo zusammenwächst, vernetzt durch Telefon, Telefax und Internet, ist eine großartige Entwicklung. Aber genau dieser Prozess treibt auch die Weltökonomie und die Weltbevölkerung auseinander, spaltet die Welt in einen kleinen Teil reicher, wohlhabender Menschen, die sich Milliarden von armen, hungernden und hoffnungslosen Menschen gegenübersehen. Das muss die politische Verantwortung herausfordern.

Wie Pierre Sané, der Generalsekretär von Amnesty International, bei der Vorlage seines Jahresberichts 2001 geschrieben hat, eskalierten mit der Ausbreitung der Armut nahezu zwangsläufig die Menschenrechtsverletzungen. „Die Berliner Mauer konnte niedergerissen werden, die Mauer aus Armut, Intoleranz und Heuchelei existiert nach wie vor.“

Gegen diese menschenunwürdige Entwicklung beginnt sich Widerstand zu mobilisieren. Nicht nur die Globalisierungsgegner verbünden sich massen- und medienwirksam bei den Konferenzen der G7-Staaten. Immer mehr Organisationen engagieren sich gegen Kinderarbeit und kapitalistische Ausbeutung, für die Umwelt, für einen Schuldenerlass zugunsten der Staaten der Dritten Welt und für die Menschenrechte. Es ist ein Wahnsinn, anzunehmen, man könnte auf Dauer Hunderte von Millionen Menschen ausgrenzen, ohne dafür irgendwann einen politischen Preis zahlen zu müssen. Es gibt in der Politik keine überflüssigen Menschen, sie haben eine Stimme, und sie werden sie nutzen. Wenn sie mangels Demokratie nicht abstimmen dürfen, dann werden sie sich Waffen besorgen und mit ihnen kämpfen. Der 11. September 2001 war dann nur ein Anfang. Die katholische Kirche ist mit einer Milliarde Mitgliedern der größte Global Player dieser Erde. Hinzu kommen ca. 800 Millionen Protestanten. Die Frage drängt sich auf, warum sich nicht die Kirchen an die Spitze der Protestbewegung setzen. Man kann unschwer davon ausgehen, dass der Gründer dieser Religion, lebte er heute, sich massiv einmischen würde.

Kapitalismus produziert Anarchie

Dabei liegt die Erkenntnis auf der Hand, dass Kapital und Markt nicht alles sein können. Selbst DaimlerChrysler und andere Unternehmen könnten mit ihrem Kapital nichts anfangen, wenn es nicht Menschen gäbe, die aus diesem Kapital zum Beispiel Autos herstellten, die so gut sind, dass sie von anderen Menschen gekauft werden.

Der Konflikt zwischen Kapital und Arbeit prägt die wirtschafts- und sozialpolitischen Auseinandersetzungen seit Beginn der industriellen Revolution. Die Produktionsfaktoren Wissen und Information haben heute eine viel größere Bedeutung als früher. Aber es ist gleichgültig, welchem der früheren Produktionsfaktoren Arbeit oder Kapital man sie zuordnet. Der Grundkonflikt ist geblieben. Die Kommunisten haben diesen Konflikt dadurch zu lösen versucht, dass sie das Kapital eliminierten und die Kapitaleigner liquidierten. Daran sind sie gescheitert. Heute entwickelt sich das Umgekehrte: Das Kapital eliminiert die Arbeit und raubt den Menschen ihre

Arbeitslätze. Der Kapitalismus ist genauso falsch wie der Kommunismus.

Der Kapitalismus kennt keine Werte jenseits von Angebot und Nachfrage und wähnt sich wie jeder andere Fundamentalismus im Besitz der absoluten Wahrheit. Demnach sind Markt und Wettbewerb die obersten Gesetze der Welt, nach denen sich sogar die Politik zu richten habe und denen sich die Staaten der Welt unterordnen sollen. Dieser Fundamentalismus, der die wirtschaftliche Existenz von Millionen Menschen vernichtet, ist genau so schlimm wie der Fanatismus, der Menschen foltern, steinigen und verbrennen lässt.

Benjamin Barber, Professor für Politikwissenschaft an der Universität von Maryland (USA), einst Wirtschaftsberater von Bill Clinton, nennt die globalisierte Ökonomie eine Welt der Anarchie. „Eine Welt ohne Regeln, ohne Gesetz, ohne soziale Übereinkünfte, eine Welt, in der Unternehmen, Finanzinstitute und der ganze „private Sektor" völlig unreguliert agieren können, aber auch eine Welt, in der Terroristen, Kriminelle und Drogendealer frei und ungebunden arbeiten." In rechtsstaatlichen Verhältnissen, so Barber, wäre dies unmöglich, aber es spiegelt exakt „die Anarchie der globalen Ordnung, die eigentlich eine Unordnung ist".

Survival of the fittest?

Manche Neoliberale und Vertreter des globalen Kapitalismus berufen sich auf Charles Darwin, der das Gesetz des Rechts des Stärkeren naturwissenschaftlich begründet habe, während Friedrich Nietzsche die philosophische Rechtfertigung lieferte. Diese Leute berufen sich aber zu Unrecht auf Darwin. Dieser hat nicht das Recht des Stärkeren propagiert, und er hat auch nicht behauptet, dass in jedem Fall der Stärkere überlebt, sonst wären die Dinosaurier nie ausgestorben. Vielmehr, so Darwin, überlebt derjenige, der am besten an seine Umwelt angepasst ist: „Survival of the fittest". Mit Sicherheit bewirken soziales Verhalten und ein freundlicher Umgang der Menschen untereinander bessere Lebensbedingungen als der totale Kampf jedes gegen jeden. Die Errungenschaften der Menschheitsentwicklung sind zu einem Gutteil den hochentwickelten sozialen Fähigkeiten des Menschen zu verdanken. Die Soziale Marktwirtschaft ist zur erfolgreichsten Sozial- und Wirtschaftsphilosophie geworden, weil sie eben nicht den nackten Wettbewerb, ökonomische Intoleranz und Catch-as-catch-can propagierte, sondern den geordneten Markt und den sozialen Ausgleich.

Was ist zu tun?

Die Konsequenzen liegen auf der Hand. Ökonomisch muss weltweit ein geordneter Wettbewerb durchgesetzt werden: eine internationale Soziale Marktwirtschaft. Die Neue Soziale Frage ist die Frage nach der globalen sozialen und ökologischen Antwort auf die globale Ökonomie. Sie muss von den G7-Staaten gegeben werden. Dazu gehören in erster Linie eine internationale Banken- und Börsenaufsicht, eine gerechte Arbeitsteilung zwischen den reichen Industrieländern und den Staaten der Dritten Welt, eine Demokratisierung der internationalen Finanzinstitutionen, Weltbank, IWF und WTO; Stabilisierung der Wechselkurse zwischen Dollar, Euro und Yen; Schließung der Steueroasen und „Off-Shore-Zentren".

Diese Ziele erfordern von den europäischen Staaten nicht nur Mut gegenüber der eigenen Landwirtschaft, sondern auch dem Bündnispartner USA. Man kann die Armut der Welt nicht durch ein bisschen mehr Entwicklungshilfe beseitigen, sondern nur durch eine gerechte internationale Arbeitsteilung: Die Industrieländer erzeugen die Waren, die sie besser herstellen können als andere, und sie sind bereit, Waren zu kaufen, die in anderen Regionen und Kontinenten gleichwertig, aber preiswert produziert werden. Nur so können Arbeitsplätze in der Dritten Welt gesichert werden.

Diese Ziele können vorläufig nur durch Verträge erreicht werden. Eine gerechte Weltwirtschafts- und Weltfriedensordnung werden aber nur dann eine Chance haben, wenn eines Tages eine Weltregierung eingerichtet wird. Bis dahin muss, ganz im Sinn von Rousseau, ein moderner contrat social, ein neuer Gesellschaftsvertrag, abgeschlossen werden, den alle Menschen auf dem Globus akzeptieren können.

Christiane Grefe, Mathias Grefrath und Harald Schumann stellen in ihrem lesenswerten Buch „attac. Was wollen die Globalisierungskritiker" vier große Themenblöcke für einen globalen Marshall-Plan auf:

- *Die Produktion des Reichtums und die Zukunft der Gesellschaften:* Wie müssen Handel und Kapitalverkehr so organisiert werden, damit eine gleichmäßige Entwicklung aller Gesellschaften möglich wird? Wie kann ein Schuldenerlass durchgeführt werden, so dass er den Völkern und nicht korrupten Eliten nützt? Wie können die multinationalen Konzerne kontrolliert werden, wie die Gewerkschaften sich internationalisieren?
- *Die Verfügung über die „globalen Güter" und ihre nachhaltige Nutzung:* Umwelt, Wasser, Wissenschaft und Technik, das genetische Erbe, der öffentliche Raum sind „globale Güter", die allen zukommen müssen: Wie können diese Menschheitsressourcen nachhaltig bewirtschaftet und gerecht verteilt werden?
- *Die Organisation der Zivilgesellschaft und der Öffentlichkeit:* Wie sehen Strategien zur Demokratisierung der Medien, der Bildung aus? Wie können die Migrationsströme gelenkt, das Flüchtlingselend abgebaut, die Intoleranz bekämpft; wie kann die Wissenslücke zwischen Nord und Süd geschlossen werden?
- *Politische Macht und Ethik in der neuen Gesellschaft:* Wie sieht eine demokratische Weltordnung aus? Wie können Menschen überall an dieser Demokratie partizipieren? Wie viel Souveränität brauchen die Staaten, welche Rechte

muss die Weltgemeinschaft haben; was sind die Voraussetzungen zu einer Entmilitarisierung der Welt?

Die Amerikaner hatten nach 1945 begriffen, dass ein Europa im Elend in Gefahr gerät, kommunistisch zu werden. Und der Marshall-Plan hat in beeindruckender Weise zusammen mit der Philosophie der Sozialen Marktwirtschaft dazu beigetragen, dass Deutschland das Wirtschaftswunder erleben konnte. Auch der „deutsche“ Marshall-Plan hat ab 1990 die Brüche des einmaligen welthistorischen Experiments der Wiedervereinigung weitgehend beseitigt. Wenn es die eineinhalb Billionen Mark Transfer vom Westen nach dem Osten nicht gegeben hätte, wäre die deutsche Einheit zerbrochen. Wenn es keinen Welt-Marshall-Plan gibt, dann werden nicht nur Toleranz und Demokratie zerfallen, dann wird die Welt explodieren.

Auf den Vereinigten Staaten und den Europäern lastet eine schwere Verantwortung. Ohne die Lösung des Palästina-Konflikts und ohne eine grundsätzliche Änderung der Weltwirtschaftsordnung mit dem Ziel, eine internationale Soziale Marktwirtschaft durchzusetzen, wird weder der Nahe Osten noch die islamische Welt auf die Dauer befriedet werden können.

Heinrich Heine hat schon im vorletzten Jahrhundert in seinem Gedicht „Die Wanderratten“ prophetisch geschildert, was auf die Menschen der westlichen Welt zukommen könnte:

Es gibt zwei Sorten Ratten:
Die hungrigen und satten.
Die satten bleiben vergnügt zu Haus,
Die hungrigen aber wandern aus.
Sie wandern viel tausend Meilen,
Ganz ohne Rasten und Weilen,
Gradaus in ihrem grimmigen Lauf,
Nicht Wind noch Wetter hält sie auf.

Sie kommen wohl über die Höhen,
Sie schwimmen wohl durch die Seen;
Gar manche ersäuft oder bricht das Genick,
Die lebenden lassen die toten zurück.
So eine wilde Ratze,
Die fürchtet nicht Hölle, nicht Katze;
Sie hat kein Gut, sie hat kein Geld
Und wünscht aufs neue zu teilen die Welt.
Die Wanderratten, oh wehe!
Sie sind schon in der Nähe
Sie rücken heran, ich höre schon
Ihr Pfeifen – die Zahl ist Legion.
O wehe! wir sind verloren,
Sie sind schon vor den Toren!
Der Bürgermeister und Senat,
Sie schütteln die Köpfe, und keiner weiß Rat.
Die Bürgerschaft greift zu den Waffen,
Die Glocken läuten die Pfaffen.
Gefährdet ist das Palladium
Des sittlichen Staats, das Eigentum.

So wird es kommen, wenn die westlichen Demokratien ihre Weltpolitik nicht ändern.